John Kjederqvist

Untersuchungen über den Gebrauch des Konjunktivs bei

Berthold von Regensburg

I. Der Konjunktiv in Hauptsätzen, indirekter Rede und Absichtssätzen

John Kjederqvist

Untersuchungen über den Gebrauch des Konjunktivs bei Berthold von Regensburg
I. Der Konjunktiv in Hauptsätzen, indirekter Rede und Absichtssätzen

ISBN/EAN: 9783743648036

Hergestellt in Europa, USA, Kanada, Australien, Japan

Cover: Foto ©Paul-Georg Meister /pixelio.de

Weitere Bücher finden Sie auf **www.hansebooks.com**

UNTERSUCHUNGEN
ÜBER DEN GEBRAUCH DES KONJUNKTIVS

BEI

BERTHOLD von REGENSBURG

I

DER KONJUNKTIV IN HAUPTSÄTZEN, INDIREKTER REDE UND ABSICHTSSÄTZEN.

———

AKADEMISCHE ABHANDLUNG

ZUR ERLANGUNG DER DOKTORWÜRDE
DER PHILOSOPHISCHEN FAKULTÄT ZU LUND
VORGELEGT
UND AM 26. MAJ 1896 10 UHR VORMITTAGS
IM HÖRSAAL N:R VI
ÖFFENTLICH ZU VERTEIDIGEN

VON

JOHN KJEDERQVIST
LIC. PHIL.

Sehr geehrter Herr Professor!

Ich beehre mich, Ihnen meine Erstlingsarbeit zu übersenden, indem ich Ihnen meinen herzlichen Dank sage für die mir in Freiburg bewiesene Freundlichkeit sowie für den Nutzen, den ich bei meiner Arbeit aus Ihren

Schriften habe ziehen können.
Ich darf wohl kaum annehmen,
dass aus meiner Arbeit der Aus-
länder nicht hier und da durch-
blickt; jedoch würde es mich
freuen, wenn dieser Umstand
den Wert der Arbeit nach
Ihrem Urteil nicht allzu-
sehr beeinträchtigte.

Mit vorzüglicher Hochachtung
John Kjederqvist
Lund, Schweden.

Inhaltsübersicht.

Einleitung.

Nachdem J. Grimm einmal die Anregung zur syntaktischen Behandlung der deutschen Modi gegeben, haben besonders B. Delbrück's vergleichende Forschungen [1]), welche auch für die Erkenntnis des Germanischen wesentliche Winke und Anregungen enthalten, die Germanisten veranlasst, die eigenartige Entwicklung des Modusgebrauchs in den alten Denkmälern zu untersuchen und an dem gegebenen Massstabe zu prüfen. Die Selbständigkeit im Gebrauch der Modi bei Ulfilas gegenüber dem Griechischen Original wurde von Artur Köhler [2]) dargethan, und der got. Optativ im Vergleich mit dem althochdeutschen von E. Bernhardt [3]) behandelt. V. E. Mourek [4]) hebt die Selbständigkeit der Modi des Nebensatzes gegenüber dem Hauptsatze hervor. In einer preisgekrönten Arbeit [5]) hat O. Erdmann unter anderm die Untersuchungen der Satzentwicklung auch für die historische Erkenntnis des Modusgebrauchs im Althochdeutschen fruchtbar gemacht. Für das Altsächsische hat O. Behaghel eine erschöpfende Darstellung geliefert.

---

[1]) Der Gebrauch des Konjunktivs und Optativs im Sanskrit und Griechischen, Syntaktische Forschungen von Delbrück und Windisch I, 1871.

[2]) Der syntaktische Gebrauch des Opt. im Gotischen 1872.

[3]) Der gotische Optativ, Zeitschr. für deutsche Philologie 1877.

[4]) Über den Einfluss des Hauptsatzes auf den Modus des Nebensatzes im Gotischen. Aus den Sitzungsberichten der königl. böhmischen Gesellschaft der Wissenschaften 1892.

[5]) Untersuchungen über die Syntax der Sprache Otfrids 1874.

Für das mittelhochdeutsche Gebiet ist zunächst die Darstellung der Modi von Paul in seiner mittelhochdeutschen Grammatik 3. zu nennen. Aus den 'Principien der Sprachgeschichte' 2. ist ja, wie für jede Spracherscheinung überhaupt, so auch für die Modi viel Lehrreiches zu schöpfen. Von den Arbeiten, die durch Untersuchungen einzelner oder mehrerer Schriftsteller die Einsicht in den mhd. Modusgebrauch gefördert haben, seien die von R. Holtheuer [1]), L. Bock [2]), L. Weingartner [3]), Ullsperger [4]), H. Roetteken [5]), H. Göhl [6]) und O. Mensing [7]) erwähnt.

Eine organische Darstellung vom Werden und Wachsen des deutschen Modusgebrauchs hat uns Lidforss gegeben in 'Beiträge zur Kenntnis von dem Gebrauch des Konjunktivs im Deutschen' [8]), und in der für das geschichtliche Studium der deutschen Syntax grundlegenden Arbeit von O. Erdmann [9]) ist ein Drittel des ersten Teils der Moduslehre gewidmet. Erdmann schliesst seine Quellenreihe für das Nhd. mit Schiller und Goethe ab. Von der heutigen Sprache aber geht H. Wunderlich [10]) aus und eröffnet von dort Einblicke in den Hintergrund früherer Sprachperioden. Unter den historischen Darstellungen ist noch Behaghel's

---

[1]) Der deutsche Konjunktiv nach seinem Gebrauch in Hartmanns Iwein, Zeitschr. f. d. Philologie 1874. Eränzungsband.

[2]) Über einige Fälle des Konjunktivs im Mittelhochdeutschen, Quellen und Forsch. XXVII, 1878.

[3]) Die von L. Bock aufgestellten Kategorien des Konj. untersucht an Hartmann. Progr. Troppau 1881.

[4]) Über den Modusgebrauch in mhd. Relativsätzen I, II 1884—85.

[5]) Der zusammengesetzte Satz bei Berthold v. Regensburg, Quell. und Forsch. LII, 1884, wo auch die Tempora und Modi behandelt werden.

[6]) Modi in den Werken W. v. Eschenbach. Diss. Leipzig 1889.

[7]) Untersuchungen über die Syntax der Konzessivsätze im Alt- und Mittelhochdeutschen. Diss. Kiel 1891.

[8]) Uppsala universitets årsskrift 1862.

[9]) Grundzüge der Deutschen Syntax nach ihrer geschichtlichen Entwicklung 1886.

[10]) Der deutsche Satzbau (S. 55—87) 1892.

'Über die Entstehung der abhängigen Rede und die Aus-
bildung der Zeitfolge im Altdeutschen' zu nennen.

Es ist nun keineswegs meine Absicht gewesen, mit dem
Vorstehenden eine erschöpfende Darstellung über die Ar-
beiten zu geben, welche sich mit der Erforschung des deut-
schen Modusgebrauchs beschäftigt haben; ich wollte nur
der Arbeiten Erwähnung thun, die mir bei meinen Studien
hieher gehöriger Fragen von besonderem Wert gewesen sind.

Die Beobachter des mhd. Sprachgebrauchs haben ihre
Aufmerksamkeit vornehmlich der Sprache der Dichter zu-
gewendet. In letzter Zeit sind auch die Prosaschriftsteller
herangezogen worden, und das mit Recht. Bewegt sich
doch gerade in ungebundener Rede die Sprache am freie-
sten und giebt darum das getreueste Bild von ihrem wah-
ren Zustande. Deshalb dünkte mir auch eine genauere
Untersuchung des Modusgebrauchs eines Prosaschriftstel-
lers wie des Berthold von Regensburg besonders wichtig.

Vorliegende Arbeit beabsichtigt, eine Darstellung von
dem Gebrauch des Konjunktivs in Berthold's deutschen
Predigten zu geben. Der Text, welcher benutzt wurde, ist
der von Pfeiffer und Strobl in 'Berthold von Regensburg
Vollständige Ausgabe seiner Predigten I, II Wien 1862,
1880'.

Wer den Sprachzustand eines Individuums zu schil-
dern versucht, wird die Erfahrung machen, dass ihm von
Zeit zu Zeit Erscheinungen aufstossen, deren Beurteilung
seine Umsicht besonders in Anspruch nimmt. Das ist oft
der Fall, wenn man den Modusgebrauch beschreiben will.
Nach genauer Prüfung der der Moduswahl in mehreren
vergleichbaren Ausdrücken zu Grunde liegenden Vorstel-
lungen wird sich bisweilen herausstellen, dass die logischen
Gründe, die man für einige Fälle zu finden geglaubt hat,
von anderen ganz ähnlichen Sprachproben umgestossen
werden. Man muss sich dann oft seine Unfähigkeit ver-
gegenwärtigen, für die gegebenen Fälle eine Regel aufzu-

stellen. Es scheint mir jedoch für die Sache am förderlichsten zu sein, wenn man darauf verzichtet, da zu einem Resultate zu gelangen, wo sich doch nichts Bestimmtes über die Ursachen einer Spracherscheinung sagen lässt, und sich einstweilen damit begnügt, die Schwerkraft der Belege wirken zu lassen. Die Hauptmasse des Materials zeigt uns in erster Linie allerdings nichts anders als den allgemeinen Sprachusus des Mittelhochdeutschen. Es genügt aber nicht, dass eine Monographie des Modusgebrauchs diese Übereinstimmung mit dem aus anderen Untersuchungen Erkannten durch Beispiele darthut, sondern sie soll überall, auch für die gewöhnlichen Erscheinungen, Vollständigkeit erstreben, so dass gelegentlich aus der Stärke einer Gruppe auf ihre Analogiewirkungen geschlossen werden kann. Ich habe deshalb die Bertholdschen Predigten selbständig durchgenommen, jeden einzelnen Fall separat und alle zusammen erwogen, und bezwecke eine möglichst vollständige Beispielssammlung in allen Fällen, wo nicht das Gegenteil angegeben wird.

Wenn nun im Folgenden in dieser Hinsicht Zahlenangaben vorkommen, dürfen diese doch nicht als völlig matematisch exakt aufgefasst werden. Sie wollen nur die Übersichtlichkeit der Gebrauchsarten fördern. Statt 'häufig' und 'selten' heisst es ja besser etwa 60mal und 8mal, selbst wenn die Zahlen nur annähernd berechnet wären.

Über die Anordnung des Stoffes wird man immer streiten können. Ich halte mich aus praktischen Gründen wesentlich an die alte Einteilung in Haupt- und Nebensätze, obwohl es mir nicht entgeht, dass die Zergliederung nach Satzarten ein ungenügendes Mittel ist, die Gruppierungsweise der Konjunktivfunktionen zu veranschaulichen. Dem Gegenstand selbst ein Einteilungsprinzip zu entnehmen, wie die Grundbedeutung der Konjunktivformen, lässt sich wohl durchführen für den Fall, dass man Gesammtbilder syntaktischer Spracherscheinungen liefern

will, nicht so leicht aber, wenn es gilt, von den Gesammt-
erscheinungen auf ·einem beschränkten Sprachgebiete ein
möglichst treues Bild zu geben.

Ich habe in meiner Darstellung nur solche Modus-
formen herangezogen, die den Modus sicher erkennen lassen.
Ausgeschlossen sind die Modi von Hülfsverben, die an sich
schon modale Bedeutung haben und deshalb einer beson-
deren Erörterung bedürfen.

Die Citate beziehen sich auf Seite und Zeile des
Textes. Die Citate aus dem zweiten Bande werden durch
Vorsetzen einer II bezeichnet. Wo diese fehlt, ist der erste
Band gemeint.

Die Formen.

Die Geschichte der Lautformen der Modi zeigt uns, dass die Lautunterschiede zwischen Indikativ und Konjunktiv allmählich weniger werden. Dies kommt daher, dass die Funktionsunterschiede der beiden Modi in gewissen Fällen nicht so tief eingeprägt waren, dass der lautliche Unterschied dadurch hätte bewahrt werden können. Es wird deshalb angemessen sein, einige orientierende Bemerkungen über die Verbalformen des vorliegenden Textes, insoweit sie den zu behandelnden Gegenstand berühren, vorauszuschicken.

Vom Præsens kommt zuerst die 3 Plur. in Betracht. Die Handschriften ADMKH unterscheiden meistens Ind. von Konj., während a durchweg -*cn* zeigt. Der Zusammenfall der Endung -*ent* des Ind. mit dem konjunktivischen -*en*, der sich im Nhd. vollzieht, lässt sich hier verspüren, indem die Form auf -*en* da auftreten kann, wo man den Ind. erwarten sollte, wie z. B. 328, 39 *Swer aber für baz got êren wil danne got geboten hât, die werden ouch der aller hœhsten in dem himelrîche*, II 22, 35 *Alle ungeloubige menschen — — — als balde sie für gerihte komen, sô verdampt sie der tiuvel*, 50, 31. Ferner scheint die Konjunktivform der 3. Plur. einzudringen, wenn im Sprachgefühl ein Schwanken in Bezug auf die Moduswahl konnte vorhanden gewesen sein, wie 213, 33 *dû ganst sin im — wol, daz im ez andere liute tuon*, verglichen mit 213, 35 *wol ganst daz im übel geschiht;* 256, 31 *Und ist daz sich eteliche dâ*

1

vor behüeten und 306, 16 verglichen mit 256, 28 *Und ist
daz sich nieman drin ervellet;* II 21, 18 mit II 21, 24; wie
auch 464, 5 *wellet ir nü hœren, welhiu teil iuch an gehœren,
wer die sint.*

Der Umlaut a—æ im Ind. Præs. ist regelmässig z. B.
vellest 45, 14, *slœfest* 67, 24, *vert* 80, 37, (im Konj.
varst 5, 3), *wehset* 133, 36, *grebet* 134, 30, *enphœhest* 294, 29 (im
Konj. *enphâhest* 294, 31), *beheltest* 86, 21 (im Konj. *beha-
ltest* 175, 12). Doch steht die Form *behaltest* im Ind. 90, 25
und wohl auch 294, 29. — Der Wechsel *e — i, ie — iu* ist bis
auf ein Verb durchgeführt z. B. *stirbest* 278, 21 (im Konj.
sterbest 319, 12), *nimet* 284, 8 (im Konj. *genemest* 281, 12),
betriugest 86, 8, 13 (im Konj. *betriegest* 108, 18), *giltest, gi-
best* 75, 36 (im Konj. *geltest, gebest* 55, 3), dagegen im Ind.
verderbest 117, 7. 146, 29. 258, 28. Die Form *wirdest* ist
189, 14 dem Konj. *si* beigeordnet. Hier liegt jedoch wahr-
scheinlich ein im Inhalte begründeter Moduswechsel vor.
Wirdest im Ind. steht sonst z. B. 53, 13. 60, 2. 77, 8. 356, 21.

Die meisten Handschriften schreiben durchgehend *e*
für *œ*. Pfeiffer's Text (Band I) zeigt fast immer die Flexion

S. *tete*	*tœte* 352, 35	*hete*	*hœte*
tœte 46, 24	*tœtest* 83, 20	*hœte* u. *hetest*	*hœtest*
		199, 18, 21, 34.	
tet(e) 45, 33	*tœte*	*hete*	*hœte*
Pl. *tâten* 102, 33	*tœten*	*heten* (*hœten*	*hœten* 18, 20.
		199, 3)	

Band II dagegen weist diese Flexion nicht konse-
quent auf. So steht *hœte* in der 3. Sing. Ind. 24, 4. 35, 10.
168, 30, *heten* im Konj. 150, 36, ebenso *tete* 48, 32 und
207, 39. — Der Konj. Præt. der starken Verben der vierten
oder fünften Ablautsreihe ist somit in den Handschriften
vom Konj. Præs. nicht unterschieden; also stehn *gebe, neme,
spreche* auch für *gœbe, nœme, sprœche* u. s. w. Der Text
aber bietet *e* im Præs. und *œ* im Præt.; doch kann die
Richtigkeit seiner Herstellung bisweilen angefochten wer-

den, wie 191, 22 *geschehe* für *geschæhe*, 281, 13 *gebest* statt
gæbest, 529, 20 *gülte* und *gebe* statt *gülte* und *gæbe*, 465, 9
gebreste für *gebræste*, und an anderen Stellen, die im Laufe
der Darstellung besprochen werden.

Der Umlaut u—ü im Konj. Præt. von Verben der
dritten Ablautsreihe unterbleibt nur selten im ersten Bande,
wie 79, 7 *man liset ez niht daz ie dehein heilige sô wun-
derliche bekêret wurde*, 221, 7 *sô sæhet ir gerne — — daz
ir junc wæret, unde wurdet doch gerne alt*, 286, 23 *Nû
sag an, dû fundest einen in dinem kelre, — — -- — —
für waz woltest dû in haben?* Im zweiten aber geschieht
das öfter, wie 4, 5 *ich genæse wol — — —, aber allez
min volk wurde mir erslagen*, 7, 22 *und wære ir sünde —
— — noch tusentstunt als vil als ir ist, sô wurde fride
— — — zwischen in und got*, 50, 19. 83, 4. 116, 7. 117, 25.
123, 18. 133, 10. 177, 1. 183, 12. 214, 5. 238, 10. 243, 27;
ferner *hulfe* 39, 3, *brunne* 196, 6, *wurfe* 255, 2, *sturben*
8, 14, *funden* 126, 38.

Auffallend steht einmal in Berthold eine nichtum-
gelautete Konjunktivform eines der schwachen Verben mit
Rückumlaut: 453, 38 *Unde dû von wære daz nôt, daz ein
ieglich kristenmensche den glouben künde in tiutschen — -- —,
daz ez got deste baz erkante unde daz ez deste baz beve-
stent wære an sîner tugent.* Umgelautete Konjunktivformen
von der Gruppe *brennen, kennen, wenden* etc. kommen nur
spärlich vor, wie *brente* 364, 14, *erwenten* 209, 2, *erwentest*
323, 7. In der jetzigen Sprache werden sie vermieden.

Der Konjunktiv in Hauptsätzen.

In den Hauptsätzen ist der Grundbegriff des Konjunk-
tivs zu suchen, wie uns Delbrück (SF. I, S. 12 und IV, 116)
lehrt. Die Bedeutung von Begehren wird als die älteste

angesehen. Im Altindischen und Griechischen sind schon
verschiedene Arten dieses Begriffes, nämlich Wille und
Wunsch, durch besondere Formen, Konjunktiv und Op-
tativ, am Verb repräsentiert. Als die Modi des Haupt-
satzes wollte Grimm (IV S. 73) den Indikativ und den Op-
tativ ansetzen. Aus der Grundbedeutung des Wunsches
suchte man nach ihm die Bedeutung von 'allgemeiner
Möglichkeit' herzuleiten: so Delbrück in SF. S. 28—30,
Erdmann OS. § 34, Holtheuer S. 152. Nachdem aber Del-
brück in seiner altindischen Syntax (1888) S. 302 erklärt
hat, dass es ihm nicht gelungen sei, die Entwickelung des
potentiellen Optativs im Griechischen aus dem wünschen-
den klar zu legen, spricht er die Vermutung aus, dass
beide Gebrauchstypen, der Optativ in wünschendem und
in potentiellem Sinne, schon als indoeuropäisch anzusetzen
seien.

Die drei Arten des Optativs sind Ausdrücke dersel-
ben Seelenregung, der Begierde, und heben sich mehr gra-
duell als prinzipiell von einander ab. Die grammatische
Trennung in eigentlichen Optativ, Jussiv und Konzessiv
ist bisweilen schwer durchzuführen, eben weil die psycho-
logische Trennung, der die grammatische entspricht, nicht
strenge aufrecht gehalten wird, und zwar aus dem einfa-
chen Grunde, dass es oft nicht nötig ist, zwischen Wunsch,
Aufforderung und Zulassen zu scheiden, um in die Aus-
sage ein Begehren hineinzulegen. Auf die nähere Bestim-
mung der Grundbegriffe brauche ich nicht näher einzu-
gehen. Sieh hierüber Delbrück SF. I, S. 16, 17, Paul
Princ. S. 107! Wunderlichs Definition des Potentialis
scheint mir sehr gelungen, nur sei bemerkt, dass der
Teil derselben, der seine Genesis behandelt, wohl immer
noch eine offene Frage bleibt. Es heisst Satzb. S. 76:
›Unter Potentialis verstehen wir diejenige Konjunktivfunk-
tion, bei der die Willenssphäre ganz zurückgetreten ist
und ein Moment, das bei der Willensrichtung auf ein zu

erstrebendes Ziel nur nebenbei mitspielte, das *irreale Mo-ment,* mit allen seinen Schattierungen in den Vordergrund tritt, von der Scheu, etwas als Thatsache anzugeben, bis zur Behauptung, dass etwas nicht existiere». Der Konj. Præs. kommt in potentieller Bedeutung im Hauptsatze nicht mehr vor. Dass der Konj. Præt. diese Funktion so gänzlich übernommen, hat zum Teil seinen Grund darin, dass ein Urteil, das die Gegenwart gilt, an Bestimmtheit und so zu sagen an Verantwortlichkeit durch die Form der Vergangenheit verliert. So nhd. 'ich dächte', 'ich glaubte'. Einen dieses Verhältnis beleuchtenden, wenn auch nicht ganz analogen Fall entnehme ich der schwedischen Umgangssprache: es heisst 'det var bra', wo ein Deutscher nur 'das ist gut' sagen kann (z. B. 'dass wir allein im Coupé sind'), und sogar wo das Urteil ein künftiges Ereignis trifft.

Der eigentliche Optativ.

Im Præsens ist er in den beinahe zu Formeln erstarrten Ausdrücken, *got helfe mir, dâ beschirme uns vor der almehtige got, daz verlihe uns,* vorhanden. Von den 119 Belegen, die ich mit diesen drei Verben auf der Hand habe, verzeichne ich nur: 66, 24 *Des helfe mir got,* 62, 3 *Vor der glichsenheit beschirme alle die werlt der vater,* 169, 8 *Daz uns daz allen widervar — — — — daz verlihe uns allen samt der vater unde sun unde der heilige geist.* In den unten aufgenommenen Beispielen giebt es auch einige die mehr oder weniger stehende Ausdrücke bilden. Optative der 3. Person Præs. finden sich noch: 50, 33 *Der almehtige got der bewise dich des besten,* 50, 35 *der almehtige got der gebe iu den willen,* 56, 21 *der fride si mit iu,* 57, 26 *Die dâ guot sin, die werden bezzer; die dâ heilic sin, die werden heiliger,* 314, 2, 11 *Sô gesegen dir sie got,* 421, 12 *got lâze mich niemer ersterben ê daz,* 427, 39 *herre nü si ez dir allez ergeben in dine gnâde,* 428, 1 *din wille*

werde gnædecliche vollebrâht, 459, 25 *herre durch dine minne,*
— —, *sô geruoche mir ze helfen,* 50, 36. 161, 33. 174, 38.
237, 16. 297, 2. 326, 34. 330, 7. 337, 8. 383, 13. 500, 12.
502, 8, 15. 507, 7, 9. II 8, 18. 10, 36. 28, 14. 40, 7.
126, 27, 30. 185, 24, 25. 192, 6. 270, 16. — Diese ent-
hielten sämtlich gute Wünsche; Verwünschungen haben
wir: 134, 24 *Wê dir geschehe, swâ dû iendert vor mir bist,*
512, 29, 30 *sît ich bin gotes man, so komme ein fiuwer und
verbrenne iuch alle sament,* 570, 17 *verfluochet sî der sündet
ûf gotes barmherzigkeit,* II 219, 26 *Verfluochet sin die pfen-
ninge darumbe nement,* I 214, 18. II 215, 36. 216, 15, 30.
217, 12, 24.

Der wünschende Konj. Præs. kleidet sich bisweilen in
die Form eines Dasssatzes ein, so 74, 22 *Ir herren, daz iu
got lône!* 192, 32 *lâz ir einigen niht genesen, wan daz sie
alle erslagen werden,* 226, 2 *Daz mir der almehtige got helfe
des,* 353, 10 *daz iuch got gesach daz ir âne sünden sît,*
471, 25 *wê, daz diu wile unde diu stunde verfluochet sî, dô
dû mîn vater wurde,* 511, 30. II 57, 5 *Ir herren, daz iu
got lône, schonet der frouwen gar wol,* 63, 23 *und ob halt
der endekrist kome* — — —, *daz iuwer gruntveste alsô stæte
sî,* 210, 6 *Daz uns daz widervar. Amen.* Über diese Sätze,
die als psychologische Prädikate zu betrachten sind, deren
Subjekt aus der Situation verstanden wird, vgl. Paul
Gramm. § 375, Princ. S. 273.

Da die ursprüngliche optative Bedeutung des Konj.
Præt. wegen des Überhandnehmens seiner sekundären
Funktion als Potentialis einigermassen getrübt wurde, war
diese Form allein schon früh nicht hinreichend, um in ein-
fachem Hauptsatze einen Wunsch auszudrücken. Beim
Lesen oder Hören des Satzes 'wäre ich so tugendhaft',
vorausgesetzt dass kein Ausrufungszeichen resp. keine wün-
schenden Tonfälle oder Gebärden dabei sind, erzeugt sich
keine Vorstellung von etwas Gewünschtem. Eher ist man
auf einen kommenden bedingten Ausspruch gespannt. Soll

ein Wunsch hineingelegt werden, steht gern eine wünschende Interjektion, um die Verständlichkeit zu unterstützen, wie 158, 24 *owê, lieber herre, wan* [1]) *wœre ich sô tugenthaft,* 228, 12 *owê, wœre daz an ir nicht!* 285, 39 *owê! hœt ich dem alsô vil oder alsô vil verstoln oder geroubet!* 284, 6 *jâ frœzest dû mir einen halben ohsen lieber an dem heiligen karfritage, danne dû mir kristenmenschen verlügest.* Dem letzten Beispiele hat Berthold optativische Fassung gegeben, um besonders kräftig hervorzuheben, wie sündhaft es ist, einen Menschen durch Verleumdung ums Leben zu bringen. Diese Sünde hält er für so schwer, dass ihm eine andere ziemlich grosse Sünde im Vergleich damit wünschenswert erscheint.

Eine Zwischenstufe zwischen den rein optativen und den potentiellen Konjunktiven bilden die zahlreichen Konjunktive des Præteritums mit *gerne* und anderen eine Begehrung enthaltenden Ausdrücken. So besonders von *sehen:* 182, 25 *alle die zer helle verdampt werden, die sœhen gerne, wie lange der jungeste tac wœre,* 183, 4, 6. 221, 6 *Owê, ir alten liute! sô sœhet ir gerne alle sament daz ir junc wœret,* 242, 15. 333, 21. 406, 8. II 167, 36. 178, 25. 244, 11. 268, 13; von andern Verben mit *gerne:* 25, 34 *jâ gœbe etelichez vil gerne: sô enhat ez sin niht,* 31, 13 *Dar umbe schüefen sie gerne,* 36, 12 *jâ züge ich mîn kint vil gerne, sô wil ez mir niht volgen,* 74, 12 *dâ mite wœrest dû niht ledic, wan jener nœme ez vil gerne gar unde genzliche, als rehte wœr unde billich,* 224, 30 *Und ir armen liute, ir wœret meistic alle gerne rîch,* 236, 11 *wan daz himelriche ist wît, und hœte eht gerne vil liute in sinem riche,* 239, 25 *Ich hœte ouch daz himelriche gerne,* 245, 7 *Wan so er ie mêre* — — — *gewinnet, sô er ie gerner mê* — — — *hœte,* 278, 29 *ich bin noch ein junger kneht, unde die mich gerne nœme der enwil ich nicht, unde die ich gerne nœme die wil mîn*

---

niht, 306, 27. 320, 38. 352, 30 ¹). 397, 36. 434, 7. 523, 5.
II 39, 36. 89, 38. 110, 29. 193, 32. 212, 31. 240, 32.
244, 27. 249, 4. 258, 5. — Die Adverben *ê* und *lieber*
schliessen sich an einen Konj. Præt. an, und bezeichnen zu-
sammen mit ihm, dass von zwei oder mehreren eventuell
eintretenden oder bloss gedachten Vorgängen der eine be-
vorzugt wird: 60, 13 *Er lieze ez ê zehenstund erfülen,* 209, 34
*Ich füere ê über mer unde buozte alle die sünde, die ich ie
getete,* ebenso 347, 13. 418, 23. II 38, 23. 222, 39; *lieber:*
446, 9 *ez wære im aber an dem fritage oder an dem sa-
meztage — — — vil lieber,* 492, 39. 571, 3. II 42, 11, 13.
178, 5. 179, 10. — Von *nemen* erscheint der Konj. Præt.
in einem formelhaften Ausdruck, der etwa 'um keinen
Preis wollen' bedeutet: 283, 9 *ich næme dehein guot, daz
ich swüere ihtes, ez wære danne wâr,* 283, 22 *Ir* (Teufel)
næmet halt grôz guot drumbe (um euch der Sünde entge-
genzusetzen) *niht,* 304, 1 *Sô næmez iuwer sêle für alle die
werlt niht, ir wæret geoleiet,* 482, 25 *und er næme dehein
guot, daz er keine sünde mit ir tæte,* 528, 22 *und er næme
alle die werlt dar umbe niht, daz er sin kint an dem libe
tæten hieze oder lieze,* 546, 33 *ich wolte niht daz ich über
naht in einer tôtsünde wizzentliche solte sin: dâ næme ich
allez daz guot niht umbe daz diu werlt hât,* und 38 *waz næ-
mest dû dar umbe? du næmest alle die werlt niht,* II 128, 33.
Und an folgenden Stellen, wo ebenfalls das Nehmen ein
Begehren in sich schliesst: 23, 1 *Unde darumb næme ich
die wal daz ich ein guot mensche wære.* 450, 6 *Unser herre
næme für guot, ob ir im niht liebes wöltet tuon — — — —,
daz ir im ouch niht leides tætet,* 550, 27 *Pfi, gitiger! joch
næme ich* (= ich wolte doch) *daz dû dich den nidersten din-
gen woltest gelichen, daz ich dich etewa in den himel möhte
bringen,* II 213, 39 *Jâ næme ich daz iuwer eteliche des po-
velvolkes wurden.*

---

¹) a hat den Ind.

An folgenden Stellen steht der Konj. Præt. in zweifelnden und rhetorischen Fragen: 42, 6 *wie lieze ich nû die hôhvart?* 212, 8 *wie gefüere ie dehein mensche umbe fremede sünde zer helle?* 226, 16 *waz gœbe etelicher, daz er niemer gesunt würde?* 284, 9 *Wie liep wœre dir der, der dir dine êre benœme mit lügen — — —?* 286, 21 *wie vil ir danne wœren die verlorn würden?* 356, 19 *wer tœte einer alten frouwen iht?* 404, 15 *wanne würden sie* (Gott und der Teufel) *ie sô gemeines muotes oder wanne vereinten sie sich mit einander,* 532, 11 *weh! wœre got sô zornic daz er umb ein sô lihtez dinc ein mensche lieze verlorn werden, daz möhte halt niemer gesin,* 546, 37 *Nu woltest dû einen tac brinnen in einem glüenden oven unde daz du hinze naht lebtest als ê: waz nœmest dû dar umbe? dû nœmest alle die werlt niht,* 569, 10 *war umbe gœbe ich danne úz der hant, des ich und miniu kint süln leben,* II 178, 7 *wederz wœre iu lieber in iuwerm boumgarten: ein edel boum der muschât trüege oder hundert die süre holzepfel trüegen?* 218, 29. 247, 28 *waz trüege daz für?*

Ich unterscheide in der folgenden Darstellung zwischen 1) denjenigen Konjunktiven, die als eine bescheidenere Ausdrucksform statt des Indikativs dienen sollen, und 2) denjenigen, die den Vorgang als möglich oder bloss angenommen bezeichnen und, obgleich nicht ausdrücklich von einer Bedingung abhängig, doch dem Konditionalis des Hauptsatzes oft sehr ähnlich sind. Doch lässt sich diese Trennung nicht streng durchführen, weil die erste Gattung vielleicht ihre Geschmeidigkeit eben durch ein leises Hinüberspielen auf das hypothetische Gebiet gewinnt. Ich muss deshalb hervorheben, dass es nicht geschieht, um zwischen zwei Funktionen des Konj. Præt. bestimmt zu scheiden, sondern vielmehr um die Übersichtlichkeit des ziemlich reichen Materials zu fördern. Zuerst führe ich die Fälle auf, wo noch durch die Adverben *wol, lihte* oder die verallgemeinernden *etewie, ete-*

wenne, etewaz dem Satze eine gewisse Unbestimmtheit bei-
gelegt wird: 180, 26 *wan unz an iuwern tôt hætet ir got
wol ze biten umb ein guotez ende*, 200, 14 *Und dar umbe
wæren die tiuvel gote ouch wol schuldic ze dankenne*, 225, 10, 11
Zin unde bli bræhte man wol von einander, 420, 1. 519, 5, 8.
549, 5. II 3, 37. 4, 3. 4, 4. 34, 20. 143, 15. 144, 23.
150, 3 (= 225, 10 oben). 209, 28 [1]). *lihte:* 75, 22 *wand er
hæte lihte sines dinges die wile etewaz dâ mite geschicket*,
416, 4 *dich überwünde aber einer mit einem stabe lihte wol . .*
etewie: 419, 16 *Junge liute die sin noch niht vil hæten, die
bræhte man etewie dâ von*, 512, 12 *Etewie bræhte wir iuch
zer bihte*, II 4, 2 *Ich kæme etewie dâvon. etewenne:* 137, 4
wan etewenne bræhte man sie dar an wol, daz — —, 418, 31
*Ir jungen liute ich bræhte iuwer einen etewenne von der un-
kiusche. etewaz:* II 163, 13 *Etewaz schüefe ich an andern
sündern, an disen gitigen schaffe ich rehte nihtesniht.* — In
den Ausdrücken *wære baz, wære nütze, nôt, reht, genuoc* ist
wære eine höflichere Ausdrucksweise für *ist:* 35, 25 *Ge-
loube mir, im wære vil baz an der rehten mâze*, 325, 30
Iedoch wârez iu vil nützer, 453, 36 *Unde dâ von wære daz
nôt*, 486, 38. II 114, 13 *Des hat er in gesetzet über allez
sin guot, und dâ von wære allen den wisheit nôt, die des
almehtigen gotes knehte sint*, 496, 8 *Daz solten die leien sin-
gen, daz wære iuwer reht*, II 57, 15 *Seht, sô wære sin an
einem gevatern iemer genuoc*, 78, 38. 168, 11. — Es wech-
selt der Konj. mit dem Ind. in demselben Satze: 411, 30
unde sie sint [2]) *lindes herzen unde sie wæren guoter dinge
guot an ze wisen;* ein anderes Mal steht an beiden Stellen
der Konj. in einem ganz ähnlichen Satze: 480, 27 *Wan die*

---

[1]) An zwei Stellen, wo der Text den Konj. Præs. hat, fordert der
Sinn den Konj. Præt.: 191, 22. Owê, sô geschehe (für geschæhe) dir gar
wol ander sêle! etwa: so dürfte es sogar mit deiner Seele geschehen,
und II 271, 12 daz man ez in schimpfe tæte, daz lide (statt lide) si ete-
wenne wol.

[2]) Hdschr. a hat seint.

jungen wæren [1]) *gar reines herzen unde guotes willen unde wæren guot an ze wisenne,* ferner II 139, 13 *Wan junge liute wæren gar guot qn ze wisen guotiu dinc.*

Ein Versuch, die zahlreiche zweite Gruppe durch einen Einteilungsgrund in kleinere Gruppen zu zersprengen, ist mir nicht gelungen, da sich die Grenzen zwischen dem, was möglich, bloss gedacht, unsicher oder unwirklich ist, verwischen, sobald man ins Einzelne geht. Ich führe deshalb sämtliche hieher gehörigen Belege einfach der Reihe nach auf: 9, 25 *Waz aber diu siben hungerjâr bediuten, — —, daz wære ze lanc ze sagene,* 65, 20 *Der (wec) wære die rihte für sich dar gangen,* 22 *sô wære niht dan ein wec zuo dem himelriche gewesen,* 65, 23, 25. 70, 25 *Er sæze alse billiche hie — — — und hôrte daz gotes wort, als dû* (etwa dasselbe Beispiel 367, 4), 90, 28 *Wande er als edel ist als dû und er dir als swærliche gedienet hât, sô gæbest dû im vil billiche daz kleine lôn,* 90, 36 *Unde daz wære in allen landen ein guotiu gewônheit,* 95, 19 *Er endorfte unser niht, und er enhæte niemer freuden deste minner gehabet,* 113, 24 *wan wir wæren alle samt — — — ze himelriche komen,* 149, 24 *So gæbe im ein anderz michels mêre drumbe danne dû,* 183, 7 *Daz wære in vor allen liebc, daz si'n iemer gesehen möhten,* 199, 32 *Diner güete gezæme ouch gar wol — — — daz dû in âne alle gnâde hetest êwiclichen verdampnet,* 207, 10 *sie wæren des halt niht wert, daz sie den narten solten an grifen, dar ûz diu swîn ezzent,* 222, 37 *Unde dâ von wære daz ouch gotes wille niht,* 223, 39 *sô möhtet ir gerne arbeiten umbe daz himelriche; war dâ wære freude diu endehaft ist,* 226, 21 (um der Krankheit zu entgehen) *Seht, nû möhtet ir niuwan einez tuon unde wæret eines dinges âne,* 233, 16 *Daz wære ein ander rede,* 270, 39 *Er ist hiute als mehtic — — — als des ersten tages: er gæbe dir din nôtdurft als er in dô tet,*

---

[1]) Hdschr. a hat sein.

276, 32 *dû solt ouch nieman heizen tœten. Wan den hœtest ouch ertœtet,* 281, 12 *wan daz wœre wider got unde wœrest êwiclichen dar umbe verlorn,* 281, 19 *Er brœhte dir swaz er möhte — — — daz dû deste lenger swigest.* 281, 33. 284, 12. 286, 25. 299, 29. 306, 6. 318, 10. 325, 8. 341, 13. 344, 11. 345, 1. 354, 1. 362, 30. 388, 7, 9. 419, 18. 454, 8, 9. 459, 33. 460, 21. 491, 35. 493, 15. 494, 10. 510, 39. 552, 1. 552, 2. 571, 1, 4. 572, 6. II 7, 37. 15, 30. 23, 16. 38, 10. 44, 27. 51, 19. 69, 15. 71, 3. 74, 20. 77, 1. 123, 10. 132, 35, 39. 159, 9, 26. 163, 9. 167, 37. 180, 2. 191, 28. 194, 5. 195, 27. 218, 31. 228, 6. 241, 3. 252, 10, 17. 254, 7. 255, 3. Der Umstand, dass viele dieser Ausdrücke durch einen hypothetischen Satz umschrieben werden können, kommt hier nicht in Betracht. Sprachliche Ausdrücke müssen überhaupt und besonders, wenn sie so zahlreiche Gruppen bilden wie die vorliegende, so beurteilt werden, wie sie erscheinen, nicht wie sie etwa hätten erscheinen können. Vgl. hierüber besonders Lidforss S. 21 und Paul Pr. Cap. XVIII 'Sparsamkeit im Ausdruck'. In den bisher angeführten Konjunktiven des Præt. von optativer oder potentieller Bedeutung kann diese Form allein nicht Vergangenheit ausdrücken, sondern braucht für diesen Zweck ein Partizip, wie z. B. 346, 5, 6, 8 *Und in dem paradise dâ wœren wir iemer — — — gelebet, dâ hœten wir freuden âne trûren — — — gehabet, unde hœten rehte nâch wunsche gelebet.*

Über folgende Fälle des Konj. Præt. weiss ich nicht zu entscheiden. Nachdem Berthold über die zeitlichen Vorzüge der Fürsten gesprochen und sie dann zu dankbarer Gesinnung gegen Gott ermahnt hat, sagt er 365, 4: *Nû bœte er iuch anders nicht danne guoten fride machen.* So die Hdschr. A. Die Hdschr. a liest: *begert,* was enstschieden besser ist. Ferner heisst es von einem, der anlässlich der Rede eines Ketzers den Christenglauben verlassen hat: II 207, 33 *durch den wân, daz dû wœnest, er wœre ein guot mensche und sæhest in doch kein zeichen tuon,* ein Fall, der zu verschiedenen Auseinandersetzungen Anlass geben könnte, schiene der Text hier nicht verdächtig zu sein. Die Hdschr. H hat *sechst* und M *secht,* Formen die mir nicht ganz klar sind.

Der Konj. Præt. hat nun in allen Arten von Nebensätzen eine überaus häufige Verwendung. Eine feste Stellung hat er doch vor allem im Konditionalgefüge errungen, wo sich sogar ohne Konjunktion ein eigenes Nebensatzverhältnis ausgebildet hat, wie 97, 3 *Und wære Lucifer tugenthaft gewesen, er wære von dem himelriche nie verstôzen.* Die Besprechung dieser Sätze spare ich mir für den Abschnitt von den bedingenden Nebensätzen auf.

Hier seien nur einige Beispiele angeführt, die das Vorkommen des Potentialis im Nebensatze veranschaulichen. Er hat hier ganz dieselbe Bedeutung wie im Hauptsatze; Komparativsatz: 224, 7 *Alse wol mir dâ mite wære, als wol ist mir mit aller der freude die diu werlt hat;* Kausalsatz: 311, 20 *Unde dar umbe ist dir got sô vînt, wan dû sin wol gerietest;* Relativsatz: 426, 26 *Jâ waz ich der vor mir hân, die des koufes frô wæren;* Temporalsatz mit Ind. und Konj. in demselben Satze: 431, 18 *sô dise fræze ligent begraben in der helle und einen tropfen wazzers næmen für alle die frâzheit, die sie ie begiengen.*

Der Jussiv.

Wie zu erwarten war, macht der strenge Sittenrichter und ermahnende Prediger von dem Jussiv häufigen Gebrauch. Für den Konj. der 1. Plural ist eine jussive Verwendung nicht anzunehmen [1]). An die 2. Person rich-

---

[1]) Den lateinischen Adhortativ 'oremus' 497, 20 übersetzt Berthold deutsch 'wir suln beten'. Die 1. Person im auffordernden Sinne, wie Nib. 1541, 4 Nû binden ûf die helme (vgl. Göhl's Beispiele S. 7) oder wie auch im Nhd. mit nachgestelltem Pronomen 'steigen wir ein', 'gehen

tet man gewöhnlich eine Aufforderung im Imperativ. Einen
mit *daz* eingeführen jussiven Konj. haben wir jedoch II
31, 24 (sieh unten!). Eine Aufforderung an die 3. Person
geschieht ziemlich oft durch den Konj. Præs.

Diesem Konj. geht in den meisten unten aufgezähl-
ten Fällen ein Satz konditionaler Bedeutung voran, in dem
die Aufforderung begründet wird: 179, 13 *swer den ende-
krist gelebet, der trete ûf den marteloere wec unde lide.*
190, 12 *Der wol mac, der tuo ouch wol.* Die 3. Sing.: 76, 12. 125, 23. 187, 31. 225, 12.
297, 34. 310, 14. 326, 9. 328, 36. 358, 34. 402, 27.
403, 24. 419, 16. 430, 15. 455, 24. 475, 24, 25. 518, 27, 39.
519, 6. 524, 28. II 50, 27. 91, 14. 102, 24. 122, 12.
124, 2. 141, 19. 162, 33. 173, 10. 213, 35. 220, 16.
236, 12. 273, 20; mehr als dreissigmal kommt der Satz
6, 32 *dâ von hüete sich alle diu werlt* vor. Ein häufig wie-
derkommender Ausdruck ist auch 49, 38 *Unde darumbe
spreche ein ieglichez ein pater noster.*

Die 3. Plur.: 42, 1 *unde die sin noch ein wênic haben,
die komen dâ von,* 228, 31 *Swelhe sich — — — übersehen
haben, die gewinnen wâre riuwe,* 88, 26, 27. 89, 4. 135, 28.
232, 4. 255, 36. 257, 19. 301, 37. 380, 9. 406, 1. 419, 14.
477, 10. 518, 21. 529, 14. 563, 21. II 11, 7. 37, 23.
60, 2. 72, 39. 153, 28, 30, 31. 176, 25, 26. 221, 24.

Der Jussiv zeigt in seiner Bedeutung nahe Verwandt-
schaft mit dem Imperativ. Dieser steht, wenn im vor-
hergehenden Satze die 2. Person gebraucht wird: II 235, 32
*sô dù iezuo ein tœtlich sünde wellest tuon — — — sô strit
vaste wider, die aber zagen sin worden, die kêren wider
frümeclich;* Imperativ in demselben Satze mit Jussiv ab-

---

wir', ist bei Berthold nicht belegt. Einige Stellen könnte man schon jussiv
auffassen, so 424, 16 *Wande wir danne âne die gnâde gotes nihtes niht
getuon mügen, sô biten wir alle samt unsern herren.* Da aber das ein-
zige Kennzeichen dieses Konj., die Nachstellung des Pronomens, überall
wegen Voranstellung eines Adverbs stattfinden muss, so lässt sich der
Satz von einfacher Behauptung nicht unterscheiden.

wechselnd: II 235, 3 *Dâ von lerne nieman niht in der vin-
ster und habet iuch an lichten gelouben,* ebenso I 382, 31.
529, 35.

Ein Übergreifen aufs imperative Gebiet findet statt,
wo der Jussiv der 3. Person die Funktion des Imperativs
der 2:ten übernimmt: 76, 14 *ir andern sünder, die ze dem
himelriche wellen, die grifen an die heilige buoze,* 248, 15
*ir andern sünder, die dâ vride mit dem fleische habent — — —
die gewinnen alle samt wâre riuwe,* 327, 28 *Ir jungen
liute, die noch zuht unde mâze nie zerbrochen hânt, die
hüeten sich — — — daz ir — — —.* Der Umstand,
dass die 2. Plur. des Ind., Konj. und Imp. Præs. und die
3 Plur. Ind. Præs. auf -*ent* oder -*en* ausgehen (Paul Gr.
§ 155 Anm. 3), trägt ohne Zweifel dazu bei, den Personen-
unterschied zu trüben [1]). In allen drei Beispielen findet sich
ein eingeschobener Relativsatz, dessen Verb seiner Form
nach 2. oder 3. Person sein kann und dadurch den Über-
gang von *ir* zum Jussiv der 3. Person vermittelt. Auf-
fallender Weise setzt Berthold unmittelbar nach dem Konj.
(327, 29) wieder in der 2. Person fort. Haben wir vielleicht
hier eine zielbewusste Verwendung der 3. Person, um die
Schroffheit des Imp. zu vermeiden? Eine solche Personen-
mischung wäre, wenn sie sich für die spätere Sprachent-
wickelung reicher nachweisen liesse, für das Eindringen
der 3. Person als Anredewort im 17. Jh. erleichternd ge-
wesen.

Der Jussiv löst ein *suln* und Infinitiv zur Abwechs-
lung ab: II 87, 12 *und sol sie (die firme) danne mit guoter
andâht enphâhen, und habe danne ganzen willen, daz er — —*
und 436, 31 lautet nach Hdschr. A: *Wan die ir dâ unschul-
dic sint, die hüeten sich deste baz vor,* während a den Konj.

---

[1]) Wo der Text den Juss. hat, zeigen die Hdschr. bisweilen Imp.
auf -ent: II 290, 17 *und darumbe fliehe si alliu werlt und schaffen noch
reden mit in niht,* D: *und habent mit in niht ze schaffen;* ebenso 406, 2,
wo Hdschr. A *machent* hat.

mit *suln* ausgetauscht hat: *die sullen sich dester baz davor huten.*

Der Jussiv kommt in einem scheinbaren Nebensatze mit *daz* vor, der doch von keinem andern Satze abhängt: 301, 15 *unde die den win verre holn müezent, daz die iht wazzers dar zuo giezen,* II 31, 24 — — *dem soltû weder nit noch haz tragen* — — —, *unde der dir danne liep hat getân, daz dû den in got liep habest,* II 86, 5 *Und daz man diu wort iht wandele, wan diu sult ir ebene merken und lernen.*

In negiertem Satze kann die Willensmeinung zurücktreten oder ein wenig verdunkelt werden und der Konj. eine irreale Färbung erhalten: II 50, 24 *Swer die vallenden suht hât über fünf und zweinzic jâr, des neme sich ouch kein arzât an.* Man kan übersetzen: 'seiner dürfte sich kein Arzt annehmen', denn der Satz enthält eher einen Zweifel an der Heilbarkeit der Krankheit als eine an den Arzt gerichtete Aufforderung, auf die Heilung zu verzichten. Da es nun aber die Funktion des Potentialis ist, gerade das Unsichere und Irreale auszudrücken und das Præsens schon längst (Erd. O. § 36 und folg. Grdz. § 166) diese Verwendung aufgegeben hat, so ist es besser, mit Hdschr. D *næm* zu lesen oder nach K M schlechthin den Ind. einzusetzen.

Mischung zweier Funktionen des Konj. findet sich vielleicht: 353, 33 *ist ieman hie, der die buoze hiute an sich nemen welle, die wil ich alle gote hiute antwürten, unde büeze daz er vor getân habe.* Die Form *büeze* kann als Potentialis dem Relativsatze nach einer Frage angehören und der Nachsatz zwischen beide Prädikate des Vordersatzes (der hier die Form *ist ieman der* hat) eingeschoben sein. *Unde* kann aber auch einen Hauptsatz einführen und *büeze* als selbständigen Jussiv erscheinen lassen [1]).

---

[1]) a liest: buzzet daz ir getan hat.

Auch in Nebensätzen finden wir den Jussiv. Er drückt dort bisweilen die Ermahnung fast ebenso kräftig wie in Hauptsätzen aus; Relativsatz: 35, 6 *sô sult ir ein kleinez rüetelin nemen bi iu, daz alle zît ob iu stecke in dem diln oder in der want,* II 87, 24 *Und win, der getempert sî mit einigen tropfen wazzers,* Substantivsatz: II 122, 9 *daz lebende wazzer, dâ ir gesunt von werden sult, daz ist wâre riuwe, daz iu gar leit sî allez daz ir ie wider got begienget,* II 78, 18 *daz erste sol ein ieglich mensche hân, daz ein ieglichez kristenmensche alle tage an got gedenke,* 376, 28, 30.

Der Konzessiv.

Als vorzugsweise konzessiv sind folgende Konjunktive aufzufassen: 74, 19 *wellet ir nur daz widergeben, daz stê an iuwern gnâden,* 325, 11 *Der daz verstê, der verstê ez,* ebenso 325, 34. 325, 30 *Der niht verstê, der habe den schaden,* 355, 12 *nû gê als ez müge,* II 3, 15 *daz ir dâ sî, daz sî,* 111, 34 *predige er swaz er welle,* 178, 23 *Wan swaz sant Peter habe, daz habe im,* 209, 5 *nû zeichen swaz er welle,* I 22, 38. 97, 30. 519, 11.

Indem konzessive und jussive Sätze zu anderen Haupsätzen, die aus der Einräumung oder Aufforderung etwas folgern, in Beziehung treten, werden sie logisch abhängig und drücken Zugeständnis oder Bedingung aus. So: 316, 27 *Ez sî gefangen von der gewalt, daz dû halt westest, daz ez dîn ougen niemer mêr gesœhen, dû möhtest doch kein anderz nemen,* 331, 1 *Si er niht guotes muotes swenne er in gêt, dar umbe soltû imz niht unwirdecliche derbieten,* 331, 7 *sî sie niht gar ein gõldelîn mit dem glanze, daz lâ dir mê liep sîn danne leit,* 380, 5. II 131, 1, 2. 191, 29. Den Übergang von Selbständigkeit zu Abhängigkeit in diesen Satzformen erklärt Paul Princ. S. 124. Dass ein solcher Konzessivsatz als ein Zwitterding zwischen Haupt- und Nebensatz gebraucht werden konnte, sieht man aus folgendem Beispiele: 517, 39 *Swer die vallende suht hât über vier und zweinzic jâr, dâ*

*gén alle die zuo, die dâ hiute leben, die künden — — —
niemer gebüezen.* Der Satz: *dâ gén alle die zuo,* hat eine
doppelte Funktion, indem er gleichzeitig Hauptsatz des vor-
hergehenden Konditionalsatzes, und Konzessivsatz zum fol-
genden *die künden* ist. Die Konstruktion ist als eine Art
von ἀπὸ κοινοῦ aufzufassen (vgl. Paul Gr. § 382). — Es
lässt sich eine gewisse Neigung merken, vorzugsweise das
Verb *sîn* in diesen Sätzen zu gebrauchen. Den Ausdruck
sî daz oder *sî ez alsô komen daz* verwendet B., um einen
bedingenden oder einräumenden Gedanken einzuführen. *Sî
daz* hat dann die nämliche Funktion wie ein *ob* oder *swie.*
So: 46, 37 *Sî ez aber alsô komen, daz — — —, dannoch
sult ir,* 75, 4 *Sî aber daz ez geschehe, sô tuot in deste gnœ-
declîcher,* 548, 1 *Sî ez daz ir bestrûchet in houbethaftige
sünde, — — — —, sô sult ir wider ûf stên,* II 105, 8.
138, 38. 228, 30. — Von anderen Verben kommt der Konj.
Præs. in dieser Verwendung vor: 334, 32 *unde spreche sie
des erstens in der niuwe des leides, sie — — — — welle
kiusche geloben und doch bî der werlte sîn, des sult ir über-
ein niht gestaten* [1]); in rein konditionaler Bedeutung: 468, 17
Helfe daz niht, sô gedenke an sinen manicvalten martel,
II 133, 34 *und helfe daz ouch niht, sô wil niht helfen.* —
Die disjunktiven Satzverbindungen gewähren ein reiches
Feld für die Verwendung des konzessiven Konjunktivs. Der
Umstand, dass die Annahme des einen oder des anderen
von zwei Ereignissen frei gestellt wird, ist bereits eine
Einräumung und begünstigt eine Form von solcher Bedeu-
tung. Hierzu kommt, dáss das jetzt gebräuchliche Binde-
wort *entweder* als solches dem Berthold nicht geläufig war.
Er hatte deshalb ein Mittel nötig, das `baldmöglichst den

---

[1]) Der Imperativ kann bei Berthold, wie noch heute, konzessive
Färbung annehmen: 52, 17, 18 *Vaste als vil als Helyas, und erlîde als
vil wêwetages als der guote Iob, unde wis gedultic als Iob, unde tuo
allez daz dû kanst oder maht: dir gît got dehein himelrîche — — —
âne den kristenglouben.*

Leser in die Konzession einführen konnte, und zwar um
so mehr, je mehr Worte vor dem *oder* standen, wie z. B.
324, 21 *sî ez danne an der heiligen kristnaht oder* — — —.
Dieses Bedürfnis erfüllt ihm nun der Konj., der gewöhn-
lich als zweites Wort im Satze steht. Auch hier ist der
Konj. Præs. von *sin* der bei weitem häufigste. Ich habe
davon 163 Fälle verzeichnet. Von diesen kommen 126
auf die 3. Sing., 35 auf die 3 Plur. und zwei auf die 2.
Sing. Da es aber von keinem Belang sein kann, auch
nur die Belegstellen aufzuzählen, gebe ich hier nur Bei-
spiele. Die 3. Sing.: 2, 23 *Ez sî disiu kunst oder jeniu
kunst,* 12, 16 *er sî rich oder arm,* 14, 13 *ez sî hoch oder
nider,* 60, 13, 14 *ez sî daz korn oder win, ez sî fleisch
oder kœse,* 83, 15 *ez sî jung, ez sî alt, ez sî arm ez sî
rich,* II 199, 2 *Der mensche zerstœret des herzen ruowetac,
der herzen wunne oder freude oder ruowe gert wan got,
ez sî guot, êre, wîp, kint.* Es schliesst sich dreimal die
Partikel *halt* dem Konjunktiv an: 82, 4 *ez sî halt arm
oder rich,* 224, 8 *alse wol ist mir mit aller der freude die
diu werlt hât, ez sî halt disiu freude oder jeniu,* II 268, 5
*sage ir die wârheit, si sî halt ein küniginne oder ein grœ-
vinne,* und einmal steht *eht:* 228, 13 *Ez sî eht man oder
frouwe.* — Die 3. Plur.: 18, 20 *sî sin geistlich oder werltlich,*
84, 39 *Ez sin diener oder tagewürhten,* 106, 5 *sin ledige
oder êliute,* 121, 38 *ez sin gastgeben oder ander liute,* 147, 25
Ez sin goltsmide oder ander smide, 255, 28 *Geistliche liute
unde witewen, sie sin in klœstern oder niht,* 259, 1 *ez sin
geistliche pfaffen oder werltliche,* 309, 18 *Juden, heiden, ketzer,
daz sin êliute, witewen oder meide, die sint alle vorteiles ver-
dampt.* — Die 2. Sing.: 313, 8 *Dû sist man oder wîp, vil
wunderlichen balde in starke buoze oder an den grunt der
helle,* 317, 26 *daz dû dir gedenkest: 'ez mac wol tôt sin'* —
dû sist frouwe oder man.

Von anderen Verben als *sin* kommen solche konzes-
sive Konjunktive des Præsens vor in der 3. Sing.: 24, 38

Dir habe got vil oder wênic bevolhen, 50, 25 *er tuo ez gerne oder ungerne,* 214, 7 ´ *Ein herre tuo wol oder übel, sô sprechent sie anders niht,* 244, 35 *ez witer übel oder wol,* 258, 8 *In werde vil oder wênic disen armen liuten, sô müezent sie anderhalp malter umbe daz eine geben,* 267, 37 *fliege der vogel verre oder nâhe, so fliuget er doch ze jungest wider in sin nest,* 269, 34 *Ez stê lange oder kurz,* 296, 4. 315, 3. 377, 36. 491, 28. 507, 6. II 111, 26. 177, 36. 234, 28. 260, 39. — Die 3. Plur.: 13, 13 *sie tuon ez gerne oder ungerne,* 14, 37 *sie geben wênic oder vil umbe einen pfenninc* 147, 16 *sie wirken tagewerk oder fürgrif,* 220, 13 *Sie kochen ez hin, sie kochen ez her, sie bratenz hin, sie bratenz her,* II 215, 11 *die tuont sich des alle abe, sie haben niftel oder neven dâ ze helle.* — Die 2. Sing.: 167, 19, 20 *daz dû die minne gotes niemer vergezzest, du slâfest oder wachest, dû ezzest oder trinkest,* 267, 4 *Dû gewinnest oder verliezest, sô tuost dû houbetsünde mit spile.*

Der Konj. Præt. steht in konjunktionslosen Konzessivsätzen und bezeichnet einen bloss gedachten Vorgang, den man sich gewöhnlich als in der Wirklichkeit nicht erfüllbar vorstellt. Die Sätze haben die Wortfolge der Frage und berühren die Konditionalsätze sehr nahe, besonders wenn keine konzessiven Adverben mitwirken. Im Nebensatze wird *halt* gesetzt: 116, 14 *unde wære daz halt, daz dû dem almehtigen got alle die sêle — — — gebüestest, die — — —, sô müestest dû daz guot armen liuten — — — niemer vergelten,* 126, 38 *unde gienge halt diu sûl von apgründe unz an den himel — — — daz wolten sie gerne — — liden,* 187, 24. 254, 5. 320, 13 *Wærest dû halt ein künic unde wære sie ein armez fröuwelin dû wærest doch ir unde sie dîn,* 320, 28. 322, 34, 35. 343, 4. 344, 36. II 83, 28, 29. 86, 30. 268, 5. 270, 20. Ein *niur* leistet denselben Dienst wie *halt:* II 274, 28 *Wære niur éin mensche der zuo dem himelrîche solte sîn komen, got der wolte den tôt hân erliten.* Im Nachsatze steht *doch* oder *dannoch:* 310, 29

Unde sœhet ir güldine vogele obe iu fliegen, ir soltet doch niuwan für iuch sehen, II 260, 33 *Sich lœgest dû under der erde, dannoch lieze got siner kinde niht.* — Zur Abwechslung mit einer ganzen Reihe konjunktivischer und imperativischer Konzessivsätze steht: 210, 11 *und ez wœre ouch daz mügelich, daz.* — Konzessivsätze ohne einräumende Adverben finden sich: 27, 18 *Und wœre ez din eigen bruoder, dû soltest in ê ze tûsent stücken lâzen sniden,* 43, 10. 246, 4. 297, 10. 338, 7. 340, 30. 463, 29. 529, 18. II 18, 24. 44, 26. 63, 24. 108, 22. 133, 9. 232, 7. 245, 2. 249, 10. 259, 36. Zwei Drittel sämtlicher Konj. Præt. gehören dem Verb *sin* an.

Im Konj. Præt. kommen disjunktive Konzessivsätze vor: 148, 27 *Dû gœbest dinen kouf mit mâze oder mit wâge oder — — —, daz sol allez gewis unde gewœre sin,* 289, 22 *sie wœren übel oder guot,* 376, 24. 522, 23. II 81, 15.

Konzessivsätze mit swer und dessen Ableitungen.

Wir behandeln zuerst die Sätze mit Præsensformen.

Eine grosse Anzahl von Sätzen werden von den verallgemeinernden *swer, swaz, swelher* und vor allem von *swie* eingeleitet. Diese Wörter setzen sich im Mhd. besonders in Konzessivsätzen einstweilen fest. Schon zu Notkers Zeit hatte jedoch *swie* die Funktion einer konzessiven Konjunktion übernommen.

Die Pronomina *swer, swaz* und das Adv. *swâ* können ausserdem oft eine determinativ-relative oder konditionale Verwendung haben mit der Bedeutung 'derjenige, der' oder 'wenn einer' u. s. w. und treten in diesem Falle gewöhnlich mit dem Ind. auf:

swer: 51, 18 *Wan swer ir niht enhât, der mac niemer komen in daz geheizen lant,* 14, 30. 15, 26. 504, 4. II 90, 11. 103, 14. 118, 26, 28. 180, 3.

swaz: 18, 33 *swaz im ze lône gevellet, daz hât er mit rehte,* 52, 16. 192, 37. II 151, 30. 214, 29.

swâ: 57, 37 *diu uns lêret helflich sin gein unserm ebenkristen, swâ dem der helfe nôt ist,* 172, 18. 276, 13. 508, 14. 529, 10. II 121, 34. 252, 29.

Wo einem solchen Satze konzessiver Sinn beigelegt werden sollte, musste Berthold noch den Konj. hinzutreten lassen:

swer: 23, 35 *Swer die sin, die alsô niuwe fünde findent, der marter wehset dâ ze helle,* II 153, 28 *und swer gotes diener sî, die sin lange stæte hinz an ir tôt,* I 380, 6. 447, 12. II 228, 20. 246, 21;

swaz: 7, 16 *Unde swaz ez sî in aller der werlte, daz gote lobelich si, daz soltû niht ûf schieben,* 112, 11 *Ir sult einen leien ûz im machen, einen krâmer — — — oder swaz ez danne sî,* 147, 26. 148, 5. 312, 28. 360, 8, 9.

Dass der mit *swer, swaz* oder *swâ* eingeführte Satz konzessiven Sinn hat, erkennt man aber oft dadurch, dass er von einem konjunktionslosen disjunktiven Satze im Konj. weiter ausgeführt, oder einem Satze mit *swie* beigeordnet wird. Berthold erspart in diesem Falle den Konj., und der Ind. tritt ein. So nach

swer: 305, 14 *Swem aber er den himel vor besliuzet, ez sî herre oder ritter — — — in mac dehein engel niemer in gelâzen,* II 202, 25 *Swer dir ez nimt oder swie dû ez verliusest hie — — —, sô ergip ez gote,* I 315, 8. 501, 11, 14. II 118, 9. 148, 10;

swaz: 108, 18 *ez sî an spinnen oder an wingarten arbeiten oder — — — oder swaz man dir anders arbeitet,* II 19, 11 *swaz danne an iuwerm libe ist, ez sî kleine oder grôz,* 31, 19. 58, 5. 116, 18;

swâ: 43, 4 *ez sin frouwenklôster oder mannesklôster swâ convente sint.*

Swelher kann auch die Bedeutung von 'derjenige der' oder 'wenn einer' haben und dann mit dem Indikativ stehen: 498, 15 *von swelhem heiligen daz ampt ist, von dem singet man die sequentie ze lobe,* II 85, 14 *und swelhez dir gebristet, sô ist der touf niht gereht,* II 176, 16. In konzessiver Bedeutung erscheint *swelher* entweder mit *leie* und *hand* (= Art, Gattung) zusammen, oder sich einem anderen konzessiven Ausdrucke anschliessend. Im Præs. stehen 11 Indikative gegen 2 Konjunktive. Der Konj. steht: 228, 31 *Swelhe sich an dirre sünde oder an anderen sünden übersehen haben, die gewinnen wâre riuwe,* 426, 21 oder *swelher hande ungelücke daz si, bist dû âne sünde, ez git dir got tûsentvalt wider.* Der Ind. findet sich: 14, 12 *swelherleie amt dû hâst, ez si hôch oder nider, von dem muost dû gote reiten,* 59, 11 *daz er iemer mit ir übel lebe, sô wirt er ein abbrecher, in swelher leie wîse daz ist,* 146, 8. 148, 19. 213, 6. 214, 17. 218, 2. 534, 5. 562, 1. II 161, 8. 253, 20.

Swâ mit dem Konj. Præs. kommt nicht vor, und *swenne* 74, 23 *swenne ez alsô geschehe, sô nemet deste minre* ist temporal zu fassen; der Konj. ist hier potentiell, von einem in der Zukunft eventuell eintretenden Ereignisse gebraucht. Mit dem Ind. Præs. steht *swenne* in temporaler Bedeutung, z. B. 7. 20. II 117, 13.

Aus der obigen Darstellung ergiebt sich somit, dass in Konzessivsätzen nach *swer, swaz* und *swelher* der Konj. Præs. stehen kann, um Einräumung zu bezeichnen, dass der Ind. meistens eintritt, wo sich ein anderes Mittel darbietet, um dem Satze konzessiven Sinn zu geben, und dass der Grund für den Konj. und auch für die Umstände, die den Ind. erscheinen lassen, in dem Bedürfnis einer Abgrenzung gegen die ebenfalls von diesen Pronominalformen eingeführten Relativ- und Konditionalsätze zu suchen ist (vgl. Lidforss s. 15).

In den von *swie* eingeleiteten Sätzen unterscheiden wir drei verschiedene Arten der Verwendung des *swie* (O. Mensing § 70):

1. *swie* in der Bedeutung 'in welcher Weise immer', 'wie immer', z. B. *swie ez mir ergê, ich wil an den sê.*

2. *swie* als gradbestimmend bei Adjektiven und Ad-
verben, nhd: 'wie', 'wie — auch', z. B. *swie übele ez mir
ergê, ich wil an den sê.*

3. *swie* als rein konzessive Konjunktion, nhd. 'wenn
auch', 'obgleich', 'wiewohl', z. B. *swie ez mir übele ergê,
ich wil an den sê.*

1. In der ersten Bedeutung zeigt *swie* bei Berthold
eine entschiedene Vorliebe für den Ind.: 21, 3 *Swie aber
diu zît ist, sô geruowest dû gitiger niemer,* 71, 8 *swie ez
aber ist, sô muoz er gote büezen,* 107, 32 *swie man unreht
guot gewinnet, daz ist allez gitikeit,* II 146, 27. 216, 38.
227, 3. 146, 19 *Und alsô hât der tiuvel sinen dienern
geboten ein gebot ze halten, daz ist daz man übele tuo, swie
der mensche tœtliche sünde tuot* ¹). Der Konj. findet sich:
155, 19 *Daz sint die gumpellieute, giger unde tambûrer, swie
die geheizen sin,* II 122, 26 *Swie ez halt geschehen si — — —,
sô sult eht ir ez her ûz schern,* 153, 7 *Swie man gote nû
diene — — — und swer gotes diener si, die sin lange stæte
hinz an ir tôt,* 171, 8 *Swie sie geheizen sin — — — der
bedarf got ze nihte.* Im Ahd. hat diese Gruppe regelmäss-
sig den Konj. (Mensing § 71 f.). Im ersten und letzten
der obigen Beispiele denke ich mir den Konj. als den
altbewahrten Modus einer formelhaften Redensart. Dass
die zwei übrigen Stellen konjunktivische Fassung erhalten
haben, hängt vielleicht zum Teil damit zusammen, dass
die Nachsätze eine Aufforderung ausdrücken.

2. *swie* als gradbestimmend. Ich führe zunächst die
Hauptmasse der Belege aus Berthold auf, indem ich einige,
die zu einer Vergleichung in Bezug auf die Modusverhält-
nisse geeignet sind oder Moduswechsel innerhalb desselben
Satzes zeigen, bis auf unten vorbehalte. *swie* steht mit
dem Ind.: 24. 22 *Iedoch swie vil er dir bevolhen hât, dû*

---

¹) In diesem Beispiel schlägt Strobl in den 'Lesarten' ohne nähere
Begründung den Konj. 'tuo' vor. Vielleicht denkt er an indirekte
Rede.

maht alsô gewerben, daz, 100, 8. 229, 11. 412, 36. 492, 17.
511, 14, 15. II 20, 31. 83, 6. 128, 35. 144, 24. 247, 26.
254, 39. 259, 7. 268, 30; und mit dem Konj.: 47, 7 *swie
grôz der tiuvele grüse si — — —, sô hâbet ir starkez ge-
dinge — — — ze gote,* 107, 29 *Unde swie maniger leie gî-
tikeit si, die sol man alle hie rüegen,* 172, 16. 220, 14 [1]).
321, 31. 327, 22. 335, 2, 3. 349, 29. 393, 9. 411, 8.
421, 23. 480, 17. 539, 12. II 1, 24. 42, 16. 54, 27.
121, 36. 178, 36. 229, 1. 230, 23. Um den Modusgebrauch
möglichst klar zu beleuchten, habe ich einige Fälle, die sich
zu einer Vergleichung empfahlen, herausgenommen und
reihe sie unten parallel auf:

Der Konj.

50, 28 *Swie grôze kraft die
sternen haben über regen und
über wind — — —, sô hânt
sie doch keinen gewalt über
des menschen willen.*

572, 8 *Unde swie ez sô gê,
sô kum ich an deheine bihte
niht.*

337, 5 *unde swie grôz diu
wite si, sô hœret man einer
meide stimme von einem orte
an daz ander.*

Der Ind.

II 234, 8 *Swie grôze kraft
die sternen habent — — —
sô habent sie doch kein kraft
über dîn kür.*

51, 2 *Nû hân ich deheinen
gewalt dar über, noch die
sternen, swie grôze kraft die
sternen hânt über alliu dinc.*

51, 14 *Unde swie gar grôze
kraft die sternen alle samt
mit einander habent, doch ha-
bent die siben planeten sunder
grôze kraft.*

258, 11 *Ersleht ez im der
hagel oder wirt bisezze — — —
oder swie ez gêt.*

305, 28 *Swie grôz iuwer
gewalt ist, ir möhtet einen
menschen von der minnesten
sünde niht enbinden.*

---

[1]) A hat besser den Ind. -

80, 28 *Swie verre von hin-
nen ze himelrîche sî, sô stôzet
er die sünder aber für baz
verre.*

223, 6 *Wil sie von einem
orte des himelriches ze dem
andern, swie manic tûsent
mile dâ zwischen sî — — —
sô ist diu sêle von einem orte
unz an daz ander, als schiere
ein ougen blic ergét.*

II 122, 18 *swie tougenlich
ez sté an keiner stat, — — —,
sô sult ir niendert hâr an
iuwerm libe lâzen.*

336, 32 *Jedoch swie hôch
sie ze himelrîche sî, sô gebri-
stet ir doch des krœnlins.*

77, 33 *Swie heilic diu hei-
lige buoze sî, sô ist diu un-
schulde tûsent stunt bezzer.*

126, 34 *Swie kleine ir pîne
und ir martel sî, sie wolten
doch gerne — — — an einer
glüenden siule.*

II 229, 13 *Und swie grôz
eines ieglichen sünders mar-
ter sî, sô ist der marter über-
grôz, die — —.*

II 41, 38 *Swie vil priester
ze helle sî, sô git iu keiner
buoze dâ ze helle.*

80, 25 *er stinket joch un-
sern herre sô griuliche an, daz
dem stanke ûf ertriche niht
gelîch ist, swie manic tûsent
mile von hinnen ze himel-
riche ist.*

331, 12 *Unde swie manigez
dich twinget, dar umbe soltû
niht verzagen.*

73, 5 *Wan swie grôz der
mensche buoze lidet — · — —
daz treit in umbe daz himel-
riche niemer.*

77, 38 *Swie heilic diu buoze
ist — — — sô vindet man
é hundert sünder.*

II 166, 5 *Swie grôz sin
freude ist, sô mac er unser
niemer vergezzen.*

II 174, 18 *Swie vil uns diu
sunne — — — liehtes git, sô
hât sie doch deste minner
niht.*

II 234, 11 *ob eines sternes
gebreste, des minsten der ien-
dert an dem himel ist, swie*

vil ir doch ist, diu ebenmâze
ir sterke ist alsô groz — — —
daz ez wœre an allen dingen
— — schade.

In dieser Gruppe werden die Konzessivsätze stets durch ihre Wortfolge gekennzeichnet, indem das von *swie* bestimmte Adjektiv oder Adverb vor das Subjekt tritt. Um die Konzession auszudrücken, haben denn diese Sätze den Konj. nicht nötig. Und doch weisen sie ebenso oft den Konj. als den Ind. auf. Ich dürfte mich kaum irren, wenn ich annehme, dass Berthold hier etwa dieselbe Vorstellungsweise gehabt habe, wie wir noch für Sätze mit 'wie-auch'. Es ist überhaupt nur ein sehr geringer Unterschied zwischen: 'Wie heilig die Busse auch ist, so ist die Unschuld doch besser' und 'Wie heilig die Busse auch sei, so ist die Unschuld doch besser'. Von Hause aus ist der Konj. in diesen Sätzen die Art vom Optativ, die wir konzessiv nennen, aber je nachdem sich andere Satztheile darboten, diese Funktion zu übernehmen, hat er ihnen dieselbe zum Teil übergeben, und was ihn nachher bewahrt hat, ist dasselbe, das seine Stellung in gewissen anderen Nebensätzen gesichert hat. Der Konj. erhielt, nachdem er aus der Willenssphäre zurückgetreten war, eine potentielle (subjektive) Färbung, wodurch er 1) das am meisten hervorgehobene Wort des Satzes, das von *swie* bestimmte Adjektiv oder Adverb gleichsam inhaltsschwerer macht, indem er dem Leser überlässt, sich den im Hauptsatze verneinten Grund so gross zu denken, wie er will, oder 2) das Unvermögen oder die Abneigung des Redenden, sich über eine Sache bestimmt auszusprechen, bezeichnet. Im Ganzen legt der Konj. dem Satzinhalte nichts Wesentliches bei, und das ist eben der Grund des Schwankens.

3. In denjenigen mit *swie* gebildeten Sätzen, wo es nhd. 'wenn auch', 'obgleich' entspricht, überwiegt bei Ber-

thold der Konj., während in der jetzigen Sprache der Ind.
vorherrschend ist. Der Grund, dass der Konj. in diesen
Sätzen beharrlicher ist als in den soeben besprochenen,
ist darin zu suchen, dass dieser Modus hier ein wesentli-
ches Mittel ist, sie von solchen Sätzen zu scheiden, wie
II 146, 27 *Wan swie man wol tuot, sô tuot man gote liep
und behaltet sîn gebot,* in denen *swie* temporale Bedeu-
tung hat (vgl. lat. utcunque). Hiemit hängt es auch zu-
sammen, dass, wenn Berthold den Ind. verwendet, er der
Adverben *doch, ouch, dannoch* nicht gut entbehren kann,
wie 508, 21 *Swie in doch umbe daz lîp niht hôhe wiget dâ
gegen alse — — — — sô hât er uns doch des lîbes erzenie
gegeben,* II 252, 8 und 254, 5 *und hâst dannoch die sünde,
swie dir ez der rouber nimt;* nur einmal erscheint der Ind.
ohne diese Beihülfe, und *swie* deutet allein den konzessiven
Sinn an: II 146, 12 *Swie man gote dienet mit aller guottæte,
sô dienet man im mit zwein dingen aller liebeste.* — Der
Konj. findet sich an folgenden Stellen: 241, 18 *Und danne
swie dâ tegeliche sünde niht zer helle ziehen, sô ist manigiu
sêle doch sô frumer meister in dem lîbe — — —,* 277, 37
*Swie iu herzeleit sî geschehen, sê! daz sult ir allez samt
hiute vergeben,* II 104, 25 *Swie er doch von dem ersten frô
sî, sô wirt er doch von dem andern vil und vil frôer,* I
316, 14. 326, 17, 19. 375, 15. II 84, 3. 154, 15. 188, 3.
207, 13. 228, 15. 259, 18.

Wenn wir auch hier das Verhältnis berücksichtigen,
dass der Unterschied zwischen den Vorstellungen, die wir
beim Setzen des einen oder anderen Modus des Præs. in
der Seele des Hörenden erzeugen, ein nicht wesentlicher ist,
so wird uns nicht Wunder nehmen, dass Berthold zuweilen
ganz willkürlich, ohne irgend einen allgemeingültigen
Grund, den einen oder anderen Modus wählt. Um dies zu
veranschaulichen, werden zusammengestellt:

375, 15 *Swie er ez von nihte habe geschaffen, sô hât ez doch wesen unde namen.*

II 214, 38 *Wan swie dir guotiu werc nütze sin, — — — wirstû in tœtlichen sünden funden, sô bistû doch des êwigen tôdes.*

II 207, 13 *Swie der vater unde der sun unde der heilige geist éin got sî, — — — daz ist ein klein dinc wider.*

326, 20 *Swie din hûsfrouwe din eigen ist — — — sô sult ir doch niht soliche unzuht mit einander haben.*

550, 36 *Wan swie sie diu minnesten viere sint, sô sint sie doch gar nütze.*

559, 30 *sô ist er* (die Heuschrecke) *mager — —· — swie er doch ze allen ziten in dem grâse lit.*

Ich verzeichne hier einige Beispiele, wo nach *swie, swer, swaz* und *swenne* Moduswechsel innerhalb desselben Satzes stattfindet: 196, 23 *swie got alle zît frô sî und niemer trûric wirt, sô wirt doch got sô frô,* 559, 15, 16 *Swie kranc er an der nâtûre ist alles dinges oder swie gar sîn herze erschrecket sî und swie vorhtsam er sî,* II 124, 12 *Nû seht, swie michel daz ertriche sî und swie grôz iuch dunket, daz diu werlt sî: reht als grôz alliu diu werlt ist wider einem nâdelspitze, als grôz — — — ist daz himelriche wider,* II 207, 13, 14 *Swie der vater und der sun und der heilige geist éin got sî und swie eteliche an den vater sündent, eteliche an den sun, daz ist ein kleine dinc wider den die an den heiligen geist sündent,* II 215, 24 *Und swenne got allen sündern vint sî und alle sünder hazze, und swie got alle sünder verfluochet, sô verfluochet er zwelf sünder sunderlichen.* — Bisweilen wechselt der Ind. Præs. mit dem Konj. Præt.: 283, 34, 36 *swer alsô sprœche, daz — — — oder der ein semelichez sprichet, oder swaz man sprichet,* II 174, 27 *Und swie gar übernütze daz selbe dinc dâ wœre und halt noch vil éren und sœlde dar an lit, sô — — —.* Der Ind. Præs. hebt dann das Thatsächliche hervor gegenüber dem Konj. Præt., der etwas bloss Gedachtes ausdrückt.

Ehe ich zu den Konzessivsätzen mit Præteritum über-
gehe, erwähne ich einige Stellen, wo der Umstand zum
Konj. Præs. hat mitwirken können, dass der Nebensatz als
Teil einer Aussage oder eines Gedankens gefühlt wurde:
66, 6 *mit siner wîsunge: swelher iuch nû wæger unde
bezzer dunke, daz ir den gêt*, 491, 29 *predigent — — —,
unde swie wol der mensche tuo*, 491, 31. 519, 26 *sult an
ruofen — — — das er sich — — — erbarme, swie ez umbe
den siechtuom ergê an dem libe*, II 54, 23. 272, 27, 28.
273, 25. Man braucht allerdings nicht zur indirekten Rede
seine Zuflucht zu nehmen, um den Konj. zu erklären, da
er, wie wir oben gesehen, auch so schon stehen kann, und
ausserdem kann ja selbst in indirekter Rede *swie* mit dem
Ind. stehen, wie 165, 39 *soltû deheinen zwivel hân, swie vil
dû gesündet hâst, got der welle — — —*.

Aus der Stelle 164, 17, 18 *Swie gerne ich sie sæhe
unde swie ich sie nie gesach, doch wolte ich unserm herren
mêr êren bieten* ersieht man zum Teil den Gebrauch des
Præt. in diesen Konzessivsätzen. Der Ind. wird für ver-
gangene Ereignisse, die schon als Thatsachen vorliegen,
gebraucht. Der Konj. bezeichnet einen Wunsch oder einen
andern bloss angenommenen Vorgang, wie 54, 1 *der heilige
geist wære nie zuo ir komen, swie vil sie anderr tugende
hæte gehabt*, II 175, 22 *swie billich daz wære, daz man ir
hôchzît drî stunt in dem jâre begienge, sô tet doch unser
herre gar wislichen*, 246, 9. 325, 7. 436, 31. 537, 27. II
156, 6. 257, 14. Einmal steht der Konj. Præs., wo man
Præt. erwarten sollte: 272, 29 *Swie maniger marke wert dû
habest, er (der helbelinc) wære dir vil nützer unde bezzer
— — — — — — danne alle guldine berge*. Auf Mensing's
Gruppen verteilt, kommen von den vorhergehenden Bei-
spielen 1 auf Fall 1, 7 auf Fall 2 und 2 auf Fall 3. — In
den wenigen Fällen, wo der Konj. Præt. mit Vergangenheits-
bedeutung in Konzessivsätzen steht, drückt er Einräumung
aus. Diese Beispiele gehören sämtlich dem Fall 2: 46, 32

*dem leiten sie ouch die selben lâge und den andern allen
samt, swie guot sie wæren*, 105, 17, 18 *dâ mite lêrte sie got,
swie gar guot sie wæren oder swie heilic sie wæren,
daz sie daz solten mit demüete tragen*, 185, 23 *Unde swie
zornic er wære unde swie ernst im ûf sie wære, doch muoste
er sie lâzen genesen*, 253, 2. II 174, 27. Der Ind. Præt.
steht an folgenden Stellen: 235, 35 *Unde swie grôz burc-
reht er in gehiez, dâ kêrten sie sich niht ane*, 246, 10 *Unde
swie starken — — er in hete geschaffen, sô hât in doch ein
frouwe überwunden*, 254, 33 *Doch swie gar der almehtige
got mensche was — — —, sô vastet er doch vierzig tage*,
274, 2. 357, 14. II 81, 16, 21, 26. 168, 33. 174, 16.

Nach *swaz* und *swâ* kommt der Konj. Præt. vor:
245, 33 *wan swaz der künic einem armen manne gebüte, des
wære er — — — gerne gereht unde bereit*, 274, 26 *unde
hæten wir halt minner freuden in dem himel: swâ wir in
einem winkel dâ wæren — — — dâ diuhtez mich gar unde
gar gut*, II 166, 16.

Zum Schluss erwähne ich die Stellen, wo ein *wie*
statt des *swie* im Fall 2 vorkommt. Der Konj. ist einmal
belegt: 82, 31 *Pfî, nescher! wie gar ez dîn gespötte sî, ez
möhte alliu diu werlt dîn martel niht liden;* sonst steht der
Ind.: 5, 3 *Wan wie vil der mensche sünden hât, dar an be-
gnüeget den tiuvel niht*, 40, 16 *Wie wol* (vgl. nhd. wiewohl)
*dir got gelobet hât, daz — — —, sô hâst dû eine unrehte
vorhte*, 42, 21, 22 *wie wênic ir was unde wie vil der vinde
was, sô getorsten sie doch niht erbiten*, 297, 22.

Der Konjunktiv in negierten, konjunktionslosen
Sätzen und nach Verben negativen Sinnes.

Die eine Beschränkung enthaltenden nhd. Ausdrücke
'es sei denn, dass' und die Partikel 'nur' sind ärmliche
Reste einer im Mhd. sehr lebenskräftigen Konstruktions-
weise, in welcher der Konjunktiv eine reiche Verwendung
gefunden hatte. Es ist für diese konjunktivischen Sätze

kennzeichnend, dass sie sich konjunktionslos in gerader
Wortfolge einem andern Satze anschliessen, und dass die
Negation *en* in ihnen auftreten kann. In Dittmar's Unter-
suchung über die altdeutsche Negation *ne* (Zeitschr. f. d.
Philologie, Ergänzungsband 1874) werden diese Sätze in
zwei Hauptgruppen geschieden, in die der bedingenden und
die der ergänzenden Strukturen. Die erste Gruppe um-
fasst Bedingungssätze, die zweite die Sätze, die einem un-
vollständigen Begriffe des Hauptsatzes eine nähere Bestim-
mung nachträglich zufügen. Letztere werden jetzt durch
Relativ-, Konsekutiv- und Substantivsätze sowie Infinitiv-
konstruktionen ausgedrückt.

Die Bedingungssätze, welche wir mit 'wenn nicht',
'wofern nicht', 'es sei denn, dass' wiedergeben, stehen bei
Berthold mit dem Konj. Præs. und *danne* ohne *en*: 21, 27
Aber des vîgertages sô irret dich nieman, ez sin danne die
dâ heime müezen sin, 51, 22 *wan dâ kan niemer mensche*
hin komen, ez habe danne die selben siben tugende, 56, 31
des kan er dir vil wol gedanken, im zerrinne danne alles des
fiures daz er iendert hât, 55, 3 *des kumest dû niemer in*
daz riche unsers herren, dû geltest danne unde gebest wider,
(84, 36. 166, 13, 14. 285, 22. 479, 19 und II 232, 4 haben
etwa dasselbe Beispiel), 88, 11 *Unde dâ von genimet ir de-*
heiner iemer oder selten rehten tôt, er grîfe denne vil wun-
derlichen balde starke buoze an, 109, 8 *die gevallent gote ze*
nihte, er habe dann die tugent, daz er, 199, 16 *Diu Wâr-*
heit sprach ze gote: ez enzæme dîner êwiclîchen wârheit niht
— — — *er gebezzer danne den schaden* — — — *unde er-*
biete dir als grôze êre — — — *und er werde als reine vor*
sünden — — — *unde werde danne gebezzert,* 281, 31 *dû*
solt dir niht lân dienen — — — *dû lônest ez danne im als*
einen andern, ez sî danne als verre, ob dû im dîn vihe lihest
in wagen oder in pfluoge, 312, 10 *sô sulnt sie einander mî-*
den; sie sin danne beidenthalp an der fünften sippe, 324, 1
ê danne daz dû in ze einer andern lâzest, — — — *sî ez*

danne an der heiligen kristnaht — — —, sô tuo ez mit trû-
rigem herzen [1]), 484, 33 *Her adelar, ir sult alsô niht ûf den*
næhsten treten, — — —; er verwirke danne sin lip rehte,
513, 9. 563, 18. II 22, 12. 83, 33, 36. 92, 19. 128, 21.
238, 27.

Der Konj. Præs. mit proklitischem *en* und folgendem
danne findet sich an folgenden Stellen (das *en* ist von Pfeiffer
abweichend von der handschriftlichen Lesart hereingesetzt,
wo es in Hdschr. A fehlt): 51, 23 *wan alle tugende sint ze*
nihte, dû enhabest danne die selben siben tugende, 68, 8 *nie*
dehein mensche zuo dem himelriche quam noch niemer getuot,
ez engê danne der zweier wege einen, 112, 22 *dem sult ir*
unsern herren niemer geben — — — ez ensi danne daz der
mensche wâre riuwe gewinne, 381, 17 *alse in der tôt begrifet,*
sô ist er toup an allen guoten witzen, ez ensi [2]) *danne ein*
sæliger mensche, 411, 36 [3]). 537, 25, 26 *wan nieman mac*
zem himelriche kumen, er enhabe [4]) *danne diese tugende alle*
gehabt unde habe sie noch. 550, 30 *Dû bist aber immer ein*
fremder gast in dem himel, dû engeltest [5]) *danne unde gebest*
wider, II 27, 11. 47, 35 [6]). 111, 18. Die Wendung *ez sî*
(ensî) danne steht 9 mal auf 32 derartige Konstruktionen.

Ein Grund für das Setzen oder Auslassen des *en*
ist nicht zu ersehen. Es wird sowohl nach positivem als
auch nach auf verschiedene Weise negiertem Satze gesetzt.

Nur zweimal fehlt *danne* in Sätzen mit hypotethischem
Sinn: 418, 2 *niht getrûwet — — — daz im der ouch iht*
gebe mit rehten gewinnen daz er genese, er engewinne [7]) *guot*

---

[1]) In diesem Beispiel hat der Konjunktivsatz gegen die Regel die
Wortstellung des Fragesatzes.
[2]) A: sî, a: sei.
[3]) 'en' fehlt A.
[4]) A: habe, a: hab.
[5]) A: geltest.
[6]) 'en' fehlt D, K, M.
[7]) A: gewinne.

mit unrehten, II 123, 14 *daz dir niemer mêr rât werde dû engeltest und gebest wider.*

Der Konj. Præt. findet sich nur an folgenden Stellen: 505, 10 *unde möhte alliu disiu werlt einen stein — — — niht gewerfen in daz mer, er müeste ze boden vallen, er gelæge danne ûf eteweme,* 529, 20 *Wan wære er alse milte alse — — Oswalt, ez hulfe in niht — — — ern* [1]*) gülte unde gebe* [2]*) danne,* II 50, 5 *Wan den kan nieman bekêren, er wære danne niulichen dar în komen sô bekêret man in lihte.*

Ein konjunktivischer Satz wird als Attribut an ein negiertes Substantiv oder negatives Pronomen des Hauptsatzes angeknüpft. Von 17 Stellen haben nur drei die Negation *en.* Wir übersetzen mit verneintem Relativsatz. Der Konj. Præs. steht: 104, 21 *Ez ist dehein versunnen herze, — — —, ez scheme sich der hôhvart wider sich selben in sînem herzen,* 255, 22 *Wan ez ist nieman, im habe got ein amt gegeben,* 426, 5 *Wan ez ist nieman in der werlte, er vermîde wol alle houbetsünde,* 506, 30 *daz dehein sterne ist an dem himel, er bringe etewaz ûz der erden,* 539, 32 *In himelrîche ist manic heilige, unde halt niendert in dem himelrîche, er si halt vil liehter — — — danne diu sunne. Aber hie bî uns ûf ertrîche dâ enist dehein dinc, daz nie sô schœne wart,* 543, 1 *Ez ist lützel ieman, er minne got mit etewem,* II 27, 27. 115, 21. 159, 2. 165, 25. 167, 39. 203, 29. 274, 24. — Der Konj. mit *en* steht: 250, 33 *wan die zwelfboten der was einer niht, er enhæte etewie vil zwivels,* 421, 15 *und ez ist halt lützel ieman, er enhabe* [3]*) guoten willen,* II 27, 22 *ez enist nieman er enhabe* [4]*) ein ampt.* Ausser im drittletzten Beispiele haben wir den Konj. Præt. noch: I 222, 8 *Ez ist nieman, er næmez für alle dise werlt.*

---

[1]) A: er.
[2]) besser gæbe.
[3]) a: hab.
[4]) DKleM: hab.

Einige konjunktivische Sätze, die wie die attributivischen an einen negativen Hauptsatz angeknüpft sind, werden im Nhd. am besten durch Konjunktionssätze mit 'ohne dass' oder 'dass — nicht' wiedergegeben. Bisweilen lassen sich diese Sätze von denen der vorigen Gruppe nicht streng unterscheiden, weil sie verwandte logische Verhältnisse ausdrücken. Sie stehen teils ohne teils mit Negation *(en)*. Wo diese aber da ist, ist sie in den meisten Fällen von Pfeiffer hineinemendiert worden.

Solche Sätze ohne *en* im Konj. Præs. finden sich: 125, 10 *daz niht sô tumbez — — — in der werlte ist, ez fürhte den tôt und ez fliehe den tôt*, 202, 5 *sô læt er ein gelit an dinem libe niht, er zerre dir die sêle sunder drûz*, 228, 12 *Sie kan sô schœne niht gesîn, man spreche: owê, wære daz an ir niht!* 271, 30 *wan in aller der werlte ist niendert sünder sô arger, er geruowe etewie vil wîle mit sînen sünden*, 331, 19 *sô ist niendert kein finger sô kleiner an der hant, er drücke den dûmen*, 374, 18 *unde daz dehein krêatûre sô smæhe ist, sie diene got in ir ahte*, 377, 38 *Ez ist nieman sô sündiger — — —, er tuo etewenne etewaz durch got*, 571, 36 *wan dû enkanst sô schemelicher sünden niht gesagen, sie haben ê liute vor dir getân*, II 50, 34 *Jedoch sô getet nie mensche sô übele, ez enpfähe got, wil ez sich wider kêren*, 122, 32. 134, 32. 202, 8;

im Konj. Præt.: 572, 36 *Dâ was ein korn niendert sô kleinez ez wære ein nater oder ein kröte*, II 126, 26 *sô giengen sie in kein hûs, ez wære immer ir erstez wort, daz sie sprächen*, 270, 15 *daz der nimmer mêsse gesprach, er enphienge sunderlîche genâde.*

Sätze mit *en* im Konj. Præs.: 234, 27 *als gewis ist daz hiute dehein mensche vor mînen ougen sitzet als versmæhet und als arm, — — — im engebe* [1]) *der almehtige got ein künicrîche*, 266, 32 *tûsent sint, die niht vier wort*

---

1) A: gebe.

mügent gereden, sie enswern [1]) *bi gote,* 428, 33 *daz iu weder wolf noch ar etc. niemer deheinen schaden getuot, der almehtige got der engebe* [2]) *iu hundertstunt alse vil,* 459, 25 *geruoche mir ze helfen, daz ich niemer sterbe, ichn* [3]) *erwerbe dine hulde,* 538, 5 *ez sprichet ein heilige, ez ensi nieman sô arger, ern* [4]) *habe eteliche tugent,* II 56, 11 *die wurden ir vinden nie sô vint, uns ensin die tiuvel* [5]) *michel vinder.*

Man kann bisweilen in einiger Verlegenheit sein über die Wahl der nhd. Konjunktion, die den Zusammenhang der beiden Sätze am besten wiedergeben würde, weil die freie Anknüpfungsweise des Konjunktivsatzes diesen als ziemlich selbständig dem vorangehenden Satze gegenüber erscheinen lässt. Freilich können die meisten unten aufgeführten Konjunktivsätze durch 'so dass—nicht' oder 'weil' paraphrasiert werden. Doch ist wohl trotz des Konjunktivs nicht allzu streng auf ihre Eigenschaft als abhängige Sätze zu halten, da diese Modusform durch Analogie in logisch unabhängige Sätze hineingekommen sein kann [6]). Mir scheint in vielen der unten erwähnten Beispiele ein beigeordneter Satz mit 'sondern' den Sinn am besten wiederzugeben: 66, 18 *und ist (der eine wec zem himelriche) eht als gar süeze und senfte unde linde daz deheiner slahte müewe dran ist, er si eben unde sleht unde rihtic, ân alle krümme,* 146, 39 *sô enmac ein man einen guoten huot vinden vor dinem valsche, im gê der regen ze tal in den buosem,* 492, 5 *got der hât daz wol gesehen, — — —, daz ir alle gar niemer inner sehs wochen sterben sult, iuwer lebe âne zwivel daz mêrre teil, swenne die sehs*

---

[1]) A: swern.
[2]) A: gebe.
[3]) A: und a: ich.
[4]) a: er.
[5]) D: sei der tiuvel.
[6]) Der umgekehrte Vorgang findet wahrscheinlich mit der Negationspartikel 'en' statt (Paul Pr. S. 139).

wochen ûz gênt, II 27, 37 *wan sie hânt ez von got niht und
mügent ouch sîn durch got niht güeben, sie üeben ez durch
den tiuvel,* 102, 33 *dâ niht ungerihtet blibet, ez werde allez
samt ze liehte brâht,* 222, 25 *dannoch lât dich der tievel
niht, er gê mit dir für den priester und irre dich der lû-
tern bihte.*

Übrigens weist auf eine selbständigere Stellung des
zweiten Satzes der Umstand hin, dass in ihm der Ind. bis-
weilen stehen kann, wie 72, 28 *wan eht kein mensche sô
übel nie getet, wil ez wider kêren — —, ez enphœhet got
mit gnœdiclicher buoze,* II 55, 21 *ez ist nieman, er sî junc
oder alt — —, sie legent im die lâge alle dri.*

Endlich stehen konjunktionslose Konjunktivsätze nach
negierten Sätzen, die ein Verb oder eine Redensart mit
an sich negativem Sinne enthalten. Ich ordne sie, wie
Dittmar § 44—§ 50, nach den Verben des Hauptsatzes.
In 9 von 33 Fällen wird ein pleonastiches *en* im zweiten
Satze gebraucht:

lân 42, 35 *sô lâzent die tiuvel dannoch niht, sie legen
uns zwô lâge,* 45, 30. 235, 32 *Dô liez er doch niht, er fünde
dô ein ander wisheit,* 343, 20 *dannoch lât er dar umbe
niht, er versuoche,* II 27, 10 *wan daz sol kein kristenmen-
sche lâzen, ez enhœre alle tage eine messe.*

erlân 335, 4 *sô erlât sie des niht, sie neme einen man
lieber zer ê danne zer unê.*

enbern 499, 23 *und alsô wolte sîn got niht enbern, man
brœhte im opfer.*

vervælen 415, 19 *daz sult ir mir alle merken, daz sich
daz niemer vervœlet, ez sî der vier tœtelin einz an ir.*

überic werden II 263, 21 *vindent sie manige list zuo,
daz sie des niht überic werden, si tuon ê ein lügelin.*

entrinnen 37, 17 *daz in gar lützel liute entrinnent den
tiuveln, sie vâhen sie mit disen zwein lâgen.*

zerrinnen 277, 14 *was iu zerrunnen alles des wazzers
— — — die diu werlt hât, dû enhabest menschenbluot getrunken.*

rât 5, 8 *unde des kein rât ist dù varst gein helle.*

sûmen 563, 8 *Wan der sùmet sich dran niht, er lege iu alliu diu guoten werk ûf die wâge.*

er:iten 273, 2 *des morgens dâ zer kirchen, die niht erbiten mügent, unz man die messe gar ùz gesinget, er engè hin ze dem wine.*

gellgen 563, 37 *zem dritten male ist ez der nâture daz ez niemer gelit, ez enkrieche* [1] *) eht allez für baz.*

vergezzen 46, 21 *wan als wénic des die tiuvel vergezzent sie bringen alle sünde dar, 46, 23.*

irren 170, 25 *daz in (den* Weg*) weder tiuvel — — — noch eht in der werlte niht geirren mac, er vare eht für sich zuo dem himelriche.*

helfen 36, 21 *und in half alliu sin wîsheit niht, sin sun würde ein morder,* ebenso 36, 22, 23, 26. 567, 13 *unde daz allez samt niht hilfet, ez ensî* [2]*) manic mensche daz ez dem almehtigen gote sinen tempel iemer ze rehte entslieze,* II 8, 11 *und hât sie leider niht geholfen, sie haben daz bœste erwält.*

benüegen, genüegen 5, 4 *dar an benüeget den tiuvel niht, er verleite in dannoch gerne in mêr sünde,* 230, 8 *dâ genuogete in dannoch niht ane, er enhabe* [3]*) alliu dinc iu dar zuo ze dienste — — — geschaffen,* 360, 18. 470, 38 *wan den genüeget nicht an allen den sünden, die — —, ern* [4]*) habe ouch niuwe fünde funden,* II 166, 36 *an der liebe aller samt dâ genuocte got niht an, er enhabe* [5]*) uns dannoch mer liebe erzeiget,* 168, 17 *Dâ genuocte in niht an, er habe dannoch ieglichem mensche einen engel gegeben.*

settigen 560, 30 *— — daz er sin krankez libelin vollen niht gesettiget, ern sî mager unde smal.*

---

[1]) A: krieche.
[2]) a: sei.
[3]) A: habe.
[4]) a: er.
[5]) DM: hab.

erfüllen 277, 16 *Wie?* — — — *daz dich alle die böcke* — — — *die diu werlt hât, niht erfüllen mohten, dû enhabest menschenfleisch frezzen?*

ersatten II 147, 36 *Pfî, daz dich ouch niht mohte ersatten allez daz diu werlt hât, dû habest din eigen kint frezzen,* II 147, 32, 34.

behüllen 99, 11 *Wan dâ mac sich nicht für behüllen, er* (die Luft) *berüere alliu dinc.*

zwivel 166, 18, 19 *Ich wil daz dû deheinen zwivel dran habest, dû engeltest unde gebest wider,* 521, 10 *Wan dar an ist leider deheiner slahte zwivel, ez ensin dér mère die verlorn werdent.* Für weitere Beispiele mit *zwiveln* siehe unter den Verben des Glaubens!

Der Ind. kann auch nach diesen Verben stehen, wie 207, 24 *die des niht genüeget daz sie selber verdampt mit grôzen sünden sint, sie verdamnent ander liute mit in,* 212, 7. *Unde vindent sie niht eigener sünden ûf iu, sô lânt sie iuch niht dannoch hin: sie suochent iuch — — — umb iuwer fremede sünde,* II 168, 33 *swie grôz diu was, dâ mohte er unser niht vergezzen, er sprach in allen næten,* II 166, 21 *und an der liebe genüeget in niht, er gedenket halt iezuo an iuch,* II 239, 32 *daz in niht genuoget hât alleine ze setzen engel über diu lant und dorfer, er hât halt ieglichem menschen — — sinen engel gegeben.*

Die Aufgabe des Konjunktivs in diesen konjunktionslosen Sätzen ist nach Paul (Gr. § 337 f.) dieselbe wie in unverbundener Anfügung der indirekten Rede, nämlich die Abhängigkeit zu bezeichnen. Wo die Negation und *danne* zugleich fehlen, sieht Dittmar (aaO. § 13) in der Modusform das einzige Erkennungsmittel der Unterordnung des Bedingungssatzes, und in den ergänzenden Sätzen ist nach ihm (§ 35) der Konjunktiv erst in zweiter Linie ein Kennzeichen der Abhängigkeit, die hier aus dem Inhalt selbst deutlich genug sein soll. Paul scheint nun grösseres Gewicht auf die Funktion des Konj. als Abhängigkeits-

zeichen zu legen, während ihm Dittmar wohl in erster
Linie eine modale Funktion zuerkennt. Dem Konj. der
bedingenden Sätze erteilt Lidforss (S. 16) eine ursprünglich
konzessive Bedeutung, und Wunderlich (Satzb. S. 69) nennt
ihn 'den Jussiv als subjunktiven Modus'. Ebenso wie in
den S. 18 besprochenen konzessiv-konditionalen Neben-
sätzen mit der Wortfolge des Fragesatzes offenbart sich
hier die nahe Herstammung des Konjunktivs aus der Wil-
lenssphäre. In den ergänzenden Konjunktivsätzen drückt
der Konjunktiv etwas allgemein Mögliches oder bloss Ge-
dachtes aus und soll nach Erdmann (Grdz. § 193) von
dem Einfluss der Negation des Hauptsatzes hervorgerufen
worden sein.

Die betreffenden Satzverbindungen sind nun aus einer
Sprache hervorgegangen, »die von Mund zu Munde lief,
nicht vom Papier zum Papier» (Wunderlich Satzb. S.
70). Daher die freie Anknüpfungsweise dieser Sätze,
in denen wohl die musikalischen Satsbildungsmittel zur
Verständlichkeit des Zusammenhangs erheblich wirksam
gewesen sind. In den meisten Beispielen aus Berthold,
die der ersten Gruppe (den Bedingungssätzen) angehören
und den Konj. Præs. haben, enthält der vorangehende Satz
ein Ereignis, das von Berthold (oder vom Redenden) als
ungerecht angesehen und darum gefürchtet wird, und der
Konjunktivsatz drückt dann dasjenige aus, was er wünscht
oder zu dem er auffordert, damit der im vorangehenden
Satze ausgesprochene Gedanke nicht zur Ausführung kom-
men möge. Hier tritt uns somit eine optative Bedeutung
des Konj. klar vor Augen. Die Beispiele mit *ez si danne*
lassen sich nicht immer auf diese Weise zerlegen. Dieser
Ausdruck verflacht nämlich die optative Funktion des Konj.
und wird dann zu einem Mittel, durch welches der Re-
dende lediglich eine Einschränkung des soeben Gesagten
herbeiführt, wie 21, 27. 112, 22. 281, 31. 563, 19.

In den ergänzenden Sätzen hat der Konj. potentielle
Bedeutung. Sowohl in diesen Sützen als in den beding-
genden ist das Præsens die gebräuchlichste Zeitform. Den
Ursprung des Konj. der ergänzenden Sätze hat man sich
so zu denken, dass er in dieselben zu einer Zeit hineinge-
kommen ist, wo sie selbständig waren, und der potentielle
Konj. Præs. in selbständigen Sätzen noch in vollem Ge-
brauch war.

Der Konjunktiv in Nebensätzen.

Die indirekte Rede.

Über den Modusgebrauch der indirekten Rede unter-
richten wir uns am besten, wenn wir das Material so ord-
nen, dass sich die auf die Moduswahl einwirkenden Fak-
toren rein beobachten lassen. Ich führe deshalb im Fol-
genden die Belege zunächst nach den Verben des Haupt-
satzes geordnet möglichst vollständig auf und sammle sie
dann wieder in Gruppen, die sich unter gemeinsamen Ge-
sichtspunkten beurteilen lassen.

Verben des Mitteilens.

sagen hat, wenn kein Bindewort folgt, nur den Konj.
Der Nebensatz enthält nicht selten Ereignisse, die nicht
in Zweifel gestellt werden: 448, 33, 34 *Sô seit diu der
andern von ir dirne: sie slâfe gerne und wirke ungerne;
diu von ir manne, die von ir kinde; diz si müelich,
daz næme* [1] *nicht zuo, 514, 31 sô man seit, im si sin guot
ûf der strázen genomen, II 3, 19 und sagete dô dem künige,
der wæren hundert tûsent* [2]. — Der Nebensatz drückt etwas

---

[1] Besser wäre hier der Konj. Præs. nemo.

[2] Nach einem los eingeschobenen 'seit' richtet sich der Modus in
dem Nachsatze eines konditionalen Vordersatzes, während der Nachsatz
sogar sein Hauptsatzkennzeichen, das Adverb sô, behält: 881, 6 wirt

nach Bertholds Meinung Falsches aus: 539, 1 *Unde daz die liute dâ von ir sagen sumeliche, sie wœre ein gemeiniu frouwe — — — des ist niht,* II 44, 21 *und sagt den liuten, er var gên helle,* 89, 39 *Nù hœre ich sagen, man sterbe deste schierre. Daz ist ein rehtiu lügen;* in dem ersten Beispiele wählt Berthold den Konj. Præt., die Form der Unwirklichkeit par préférence, um dieser Aussage über eine der höchsten Heiligen des Himmels, Maria Magdalena, sogleich zu widersprechen. Nach konditionalem Satze: 294, 17 *seitest dù — — — — von den zehen geboten, die müesten wir alle behalten oder wir wœren alle verlorn,* II 117, 37 und 121, 8.

Von zwei beigeordneten Sätzen kann der erste ohne Bindewort, der zweite mit *daz* stehen: 514, 32 *sô man seit, im si sin guot — genomen — oder daz im ein bein abe si.*

Mit *daz* eingeleitet, hat der Nebensatz den Indikativ, wenn *sagen* in der ersten Person steht: 4, 17 *sô seite ich dir daz von erste, daz man zehent tûsent buoch hât in der kristenheit,* 78, 11. 269, 34. 346, 35. 350, 37. 377, 21. Ausser diesen Fällen finde ich nur noch einen Indik.: II 45, 5, 6 *saget iuwerm herren, daz er unsern herren hât versmœt und daz er hin ze Belzabob gesendet hât,* Der Konj. steht: 35, 38 *Man seite mir für wâr, daz ein diernlin von aht jâren mit einem hin wec gienge,* 470, 3 *Man seit mir ein ungelouplichez mœre, daz ein diernlin mit einem si hin wec geloufen;* und nach konditionalem Satze: 390, 31 *der im von sô getâner freude seite, daz sie jenhalp meres wœre,* II 246, 22.

Häufig regiert *sagen* einen indirekten Fragesatz. Wenn Berthold seine eigene Worte anführt und somit selbst das Subjekt des Hauptverbs ist, setzt er meistens den Indikativ: 115, 5 *ich sage iu, wie sie her Salomôn heizet,* 136, 7 *Sô wil ich iu sagen, wie der heizet,* 142, 22 *Nù wil ich iu*

---

mir ein ruowe dannach vor minem ende, daz seit man doch uns alle tage, sô si got sô guot daz.

sagen, wer die zehen leie liute sint, 142, 25. 144, 31. 178, 28.
179, 34, 36. 226, 25. 236, 20. 271, 9. 354, 8. 373, 10
(nach konditionalem Konjunktiv). 395, 24. 424, 25. 436, 12.
523, 18. II 85, 8, 11. 139, 39. 152, 27. 176, 28. 186, 18, 19.
188, 26. 189, 30. 203, 38. 220, 22. 224, 20. 226, 20. 227, 33,
und auch sonst wenn das Ausgesagte so wie so von Ber-
thold herrühren kann, wie 540, 39 *wie grôz ir liebe und ir*
begierde was — — — daz ist iu gar ofte geseit, II 192, 36
iu ist daz wol geseit, welhe gote liep sint. — Es giebt
jedoch auch einige derartige Sätze, die den Konj. haben:
460, 29 *Ich hân iu daz wol geseit, wie man gote liebe tuo*
an heiligen liuten, II 192, 8 *Ich wil ouch den witewen sagen,*
welhe gote — — — aller liebeste sin, II 227, 14 *Sô wil ich*
sagen wâ von ein heilige mêr freuden habe. Ein einheit-
licher Grund für den Modusgebrauch in diesen Sätzen lässt
sich kaum denken, besonders wenn man noch die zwei fol-
genden Beispiele ins Auge fasst: 179, 34 *ich wil iu sagen,*
wie verre zem himel ist, II 246, 24 *ich wil iu die rehten*
wârheit sagen, wie verre ze dem himelriche sî, und wir
dürften für jeden einzelnen Fall in Berthold's stilistischen
Anforderungen die Gründe zu suchen haben.

Wo ein anderes Subjekt als *ich* hinzutritt, kommt
der Ind. 6mal vor: 331, 15 *Ein kunst heizet algorismus,*
daz saget von der reitunge, wie man die zal leget an
den vingern, 388, 9 *wie manigiu untugent uns — — irret,*
daz würde eht — — gar lanc ze sagenne, 453, 22 *wie vil*
der — — — gnâden dan enphœht — — — dâ seit der
guote sant Paulus von wunder unde wunder, II 223, 33, 34
Du muost durnehticlichen sagen, kleine und groz — — — wâ
ez geschach und wie ez geschach, ob ez an heiligen oder niht
an heiligen ziten geschach, II 243, 22 *Dâ seit man solich*
wunder von einer stat und solich schœnheit, und waz wun-
ders in der stat ist [1]).

---

[1]) D hat sei.

Moduswechsel findet sich: 573, 2 *Dô sluoc er den ka-
sten zuo und seite ez dem herren, wie griulichen sie füeren
und wie im was geschehen* [1]).

Nach Interrogativen steht der Konj. an folgenden
Stellen. Nach einem Ind. des Hauptsatzes: 179, 24 *sie
sagent — — — wie manige mile zuo dem mânen sî — — —
sie enwizzen nihtes niht dar umbe*, 233, 27 *Und im seite ein
engel, wie wît — — — sie wære unde wie breit diu mûre
wære*, 234, 4. 448, 28 *Sô seit etelicher waz er gesehen habe
uf siner mervarte*, 459, 39. II 179, 23. — Nach einem Im-
perativ des Hauptsatzes: 434, 30 *Unde dar nâch sage mir,
wem ez gliche stinke*, II 213, 37 *nû sage uns welhiu diu
sehsiu sîn.* — Der übergeordnete Satz hat den Konj.: 9,
25 *waz aber diu siben hungerjâr bediuten — — — daz wære
ze lanc ze sagenne*, II 267, 25 *sô man in gebiutet daz sie
sagen waz ze bezzern sî.* — Nach negiertem Hauptsatze:
212, 24 *sô möht ich inner fünf tagen niht wol gesagen, wie
vil tœtlicher eigener sünden wæren*, 380, 39 *Wem der lôn
werde, daz kan iu alle diu werlt niht gesagen âne got alleine*,
II 67, 6. 203, 6 [2]). — Der Objektssatz ist bedingt: 162, 23
*allez daz man dâ seit, wie man diu kint toufen sol und wel-
hen schaden sie des haben, ob — — —.*

glichnisse sagen tritt mit dem Konj. und *wie* auf: 389,
23 *Wir sagen iu etewenne ein glichnisse, wie schœne got sî.*

sprechen mit unverbundener Anfügung im Ind. habe
ich nur einmal belegt: II 227, 3 *Sô sprechent manige,
ez ist manigem diu helle erahtet.* Der Konj. steht: 4, 21
Nû sprichest dû doch, dû wizzest selber wol, 38, 2 *und
unser herre sprach, ir wære gar ze vil*, 127, 33. 199, 24.
245, 31, 33, 34. 538, 4. II 133, 36. 188, 32. 208, 15; eine
falsche Behauptung enthalten folgende Beispiele: 80, 9 *Sô*

---

[1]) Die Handschrift a hat eine umgekehrte Ordnung der Modi: wio
im geschehen sei und wie grulichen sie furen. Hier kann jedoch furen
ein nichtumgelauteter Konj. Præt. sein (vgl. Paul Gr. § 40 Anm. 2).

[2]) Vgl. den Ind.: 436, 12 Nû getürren wir niht dâ von sagen, wie
sie sint gehoizen oder wie sie sint gestalt und II 85, 11.

sprechent sumeliche liute, ez si ein werlt unter uns. Des ist
niht, 342, 38 *Sô sprechent eht eteliche, man ergebe sich dem
tiuvel umbe guot,* 344, 2 [1]). 404, 2. 406, 25. 485, 38. 509, 24.
II 17, 28, 30, 37. 18, 8. 34, 5, 27.

Ein Beispiel gemischter Anfügung ist II 134, 12 *Dô
sprâchen sie alle, der hœte.aller beste geseit und daz keinez
alsô wâr wœre.*

Nach *sprechen daz* überwiegt der Ind. nach positi-
vem, indikativischem Hauptsatze, wenn nicht der Inhalt
gerade als falsch bezeichnet wird: 36, 25 *Daz selbe spriche
ich ouch zuo hern Isââc — — —, daz sin sun wart
ein frâz,* 126, 10 *von den dâ got selbe sprichet, daz daz
mêrre teil der werlte verlorn wirt,* 166, 39 *daz ist alsô
gesprochen* (— das heisst): *daz dir nie friund sô herzeliep
enwart,* 248, 1 *von der her Dâvit dâ sprach daz sie stêt
bi sinem künige,* 293, 30. 294, 27 *(ich spriche).* II 226, 16.
251, 25. — Der Modus wechselt in zwei koordinierten Sät-
zen, und Übergang aus indirekter in direkte Rede findet
statt: 124, 4 *Alsô sprichet — — sant Paulus — — —, daz
der lôn nach den sünden si der êwige tôt, aber diu gnâde
gotes ist daz êwige leben.* Der Konj. steht: 227, 15 *daz
got selbe sprach, daz er im nie mensche ûf ertriche bi
sinen ziten glichez fünde,* II 214, 12. — Etwas nach Ber-
tholds Meinung Unwirkliches enthalten die Nebensätze:
160, 5 *wœnent ez si alsô gesprochen: die liute — — — —,
daz die gote deste ûzerre sin,* 471, 27. 492, 31. — *Ich
spriche niht, daz* mit dem Konj.: 322, 29 *ich spriche niht,
daz dirre zît ieglichiu ein tôtsünde si,* 324, 27. II 170, 34.
— Ein selbständiger wünschender Konj., der in der di-
rekten Rede auch stehen würde, tritt auf: 188, 16 *sit daz
der aller beste man sprichet, daz er in der helle.die wile
gerner wære,* 282, 18 *sprichest, daz dir got als wœrliche helfe
als* und 282, 27. — Nach konditionalem Konj.: 283, 34
swer alsô sprœche, daz got nie gemartelt würde und 222, 35.

---

[1]) Aa hat den Ind.

Nach *sprechen* kommen abhängige Fragesätze nur spärlich vor. Der Indikativ steht: 228, 1 *dâ von sprichet der guote sant Augustinus wunder unde wunder wie schœn diu séle ist* [1]), 487, 9 *Und hie nach sol man sprechen alle die rede, die — — —, wie den stric die tiuvele legent*, II 124, 5 *wie man wol zem himelrîche kumt mit guotem leben, dâ von hân ich willen ze sprechen.* Ein ganz willkürlicher Wechsel erscheint: II 251, 6—12 *dâvon hân ich willen ze sprechen, wâ von daz ist, daz — — —, und wâ von eine grœzer marter haben* [2]) *— — — und wâ von sant Peter und sant Linus dâ ze himelrîche sîn, und doch einer vil grœzer dâ ze himele ist danne der ander.* — Der Konjunktiv findet sich: 448, 26 *Sô sprechent sie nû in den kirchen, — — — waz ieglicher gesehen habe in anderen landen*, 454, 35, 36. II 154, 6 (nach neg. Haupts.). 233, 11 (*sprechen — fragen*) *Als man sprach ze sant Bernhart, wâ von er sô wîse wære.*

jehen ohne Bindewort mit dem Konj. findet sich an folgenden Stellen, wo die Aussage nach Berthold's eigener Meinung irrig ist.: 185, 20 *ir jâhet ir wæret von dem verresten lande*, 208, 23 *und er giht er habe von dem bâbeste den gewalt — — — Und er liuget*, 285, 17 *giht ez sî drier wochen alt;* nach konditionalem Konj.: II 117, 37 *und man jæhe, ez wære ûzsetsic.*

Nach *daz* steht einmal der Ind.: II 92, 38 *Sô lange dû nû gihest, daz diu ê sô heilic ist.* — Der Konj. findet sich: 385, 24 *nû giht man doch, daz got niemer keine guottæte ungelônet lâze*, und besonders, um die Unwirklichkeit der Aussage darzustellen: 285, 13 *krâmer der unrehte wâge hât unde giht, daz sie gereht sî*, 405, 8 *sît dû gihst, daz dich der tiuvel geschaffen habe*, 406, 20. II 34, 12.

nennen mit dem Ind. erscheint: 346, 30 *unde nennent danne welher hande sünde ez was.*

---

[1]) a hat den Konj.
[2]) D: habent.

erzeigen mit indikativischem Satze von *daz* eingeleitet
steht: 103, 29 *dâ mite hât uns der almehtige got erzöuget,
daz diu mâze ein tugent ist,* 145, 21. 162, 2. 173, 32.
176, 22. 519, 21. 574, 24 (*ich*). II 208, 38; sogar im
Imperativ: II 4, 36 *Nù erzöuget hiute, daz manic wiser
man — — — vor minen ougen ist.* —· Mit dem Konj.
im vorangestellten Nebensatze steht es in den häufig
auftretenden Sätzen, in denen durch die Heilige Schrift
die Wahrheit einer Aussage bestätigt wird: 7, 39 *daz daz
wâr si, daz hât uns got selbe erziuget.* An mehr als dreis-
sig Stellen kommt derselbe Satz im Konj. vor. Bei Vor-
anstellung erscheint zweimal der Indikativ: 434, 23 *Unde
daz dù dem tôde næher bist, daz hât got — — — erzöuget,*
II 139, 17. Nur einmal steht der Objektssatz im Konj.
nach dem Hauptsatze: II 266, 9 *dem wart erzeiget, daz ein
bischolf Gregorius als hôch an himelriche wære als er.*

In abhängigen Fragesätzen hat *erzeigen* überwiegend
den Indikativ. Meistens fängt der Nebensatz mit dem In-
definitum *swaz* an: 134, 36 *swaz uns nützen dinge künftic
ist — — —, daz hat uns got erzöuget,* 161, 39. 183, 32.
349, 6. 398, 20. 463, 5. II 96, 3; *wie:* 203, 36 und 448, 12
(Voranstellung). — Der Konj. kommt sechsmal vor, drei-
mal vorangestellt: 398, 23 *hat er uns erzöuget wie gar diu
hôhvart alle die gewizzene erblende,* II 34, 39 (*zeigen*). 55,
27. 79, 8. 95, 38, 39. 260, 8 (*zeigen*).

reden mit blossem Konj. steht: II 199, 45, 46 *als sô
man rett, got si niht mensche geborn oder er würde nie
gemartert.*

Abhängiger Fragesatz im Konj. findet sich bei ne-
giertem Hauptsatze: II 33, 24 *welhez diu vier stücke sin
des libes und die krefte der sêle, dâ wil ich ietzunt niht von
reden* und 99, 9; den Inhalt eines Substantivs im überge-
ordneten Satze erweiternd steht der Nebensatz: 543, 7 *Sô
minnet in daz mit einer guoten rede, daz ez wol von gotes*

*martel gereden kan oder, — — — oder von siner minne,
wie er uns geminnet habe* [1]).

ane vâhen mit *wie* und dem Ind.: 297, 36, 38 *Nû wil
ich iu von erste wider ane vâhen, wie sie heizent.*

für legen mit *daz* und dem Konj. ist nur einmal
belegt: 370, 26 *Nû sich sünder daz leget dir der almehtige
got allez für, daz er daz allez durch dinen willen erliten
habe.* In dem abhängigen Fragesatze folgt nur der Indi-
kativ; Verbum regens steht in der ersten Person: II 26, 15
*Nû wil ich iu für legen welhez diu fünf dinc sint und wie
sie iu got bevolhen hât,* II 102, 21. 167, 22. 190, 36; und
ferner: II 240, 25 *Nû leit man iu für die angest und die
nôt — — — — — — und wie er wart gefüeret.*

widerreiten mit *wie* und dem Ind.: 25, 1 *muost dû ie
widerreiten — — wie dû ez an hâst geleit.*

für kumen mit dem Konj., eine falsche Behauptung
ausdrückend: 386, 23 *und ist mir von gelërten liuten für
kumen* (= bekant worden), *daz unser herre etelichem ein hûs
oder ein wesen in der helle gebe.*

kunt werden 345, 16 *Daz daz wâr si, daz ist uns allen
kunt worden.*

innern mit dem Konj. nach konditionalem Konj.: 162,
37 *wære aber ein dinc, daz man des von der wârheit geïn-
nert würde, daz ez unrehte getoufet wære.*

antwurten und blosser Konj. stehen: II 266, 12 *wart
im geantwurtet, im wære mit siner katzen baz.*

brief bringen mit unverbundener Anfügung im Konj.:
318, 1 *bringent sie einen brief, er si ein ledic man.*

predigen mit blossem Konj.: 491, 31 *predigent — —
—; unde swie übel der tuo der zem himelriche sülle, er
küme doch dar.*

singen hat *daz* und den Ind.: 499, 4 *wan sô singen wir
daz unser herre von miner frouwen Marîen geboren wart.*.

---

[1]) a setzt den Ind.

lesen (hier = erzählen) *wie:* 179, 18 *Es lesent die hei-
denischen meister wunder unde wunder, wie manic tûsent
mîle ze dem himelriche gê — — sie enwizzen nihtes niht
dar umbe.*

kriegen (= mit Eifer behaupten) hat den Konj. ohne
Bindewort: 538, 14, 15 *Dâ kriegete einer, sant Johannes
baptiste wære hæher dâ ze himel.*

buoch machen *wie* und Konj.: 173, 36 *unde machte grôziu
buoch dâ von, wie gar schedelich sie der sêle wæren.*

schriben mit *daz* und dem Ind.: 575, 22 *Und alsô wart
mit geiseln — — — ûf sine hût geslagen und geschriben, daz
er für den sünder gebüezet hât;* ob und Konj.: II 243, 32
*und hiez dâ von schriben, ob ieman wære den dar jâmern
wolte;* Indikativ: 490, 23 *ob man daz geschriben hæte, ob
ez geschehen ist oder niht.*

hœren lâzen mit *wie* und dem Konj.: II 71, 17 *Und wie daz
wâr sî, daz wil ich iuch lâzen hœren;* Indikativ: 568, 21
Nû wil ich dich lân hœren, wie grôz diu selbe sünde ist.

ze ende komen steht negiert mit *wie* und dem Konj.:
212, 20 *Wie vil der eigenen sünde sî, der mac man niht
ze ende komen.* Dagegen steht

enden negiert mit *wie* und dem Ind.: 549, 13.

verjehen in der 1:sten Person hat den Indikativ in
dem abhängigen Fragesatze: II 188, 24 *Nû hân ich iu ver-
jehen welhe meide dem tiuvele liep sint.*

geswigen mit *daz* und einem Konjunktiv, der ein bloss
angenommenes Ereignis ausdrückt: 234, 13 *ich wil des
geswîgen, daz man im ein künicriche drinnen ze rehtem eigen
gæbe, und daz daz im niemer mêr genomen würde.*

liegen steht mit *daz* und dem Konjunktiv: 208, 26
Und er liuget, daz er dâ mite ledic sî gein gote, ebenso

verswern 149, 34 *sô soltu sîn doch niht verswern, daz
im andere liute sô vil drumbe iht gæben,* und

striten 436, 4 *Sit nû die meister strîtent, daz ir fünfe sin.*

4

swern mit unverbundenem Konj. nach konjunktivi-
schem Hauptsatze findet sich: 295, 8 *Dâ mite væhet er
dich — — —, daz dû wol geswüerest, er wære gar ein en-
gel,* und ebenso 403, 13.

Beispiele für *daz* und den Konj. haben wir: II 97, 18
die swuoren in, daz sie in niemer mêr kein leit tœten, II
103, 4; im übergeordneten Satze steht der Konj.: I 251, 18
*weinet, daz man wol — — — swüere, daz er ein rehter
oberlender si,* 266, 5.

swern *wie* kommt einmal vor: 148, 36 *sô swerst dû
dar zuo so vil, wie guot ez si unde waz dû im guotes dâ
mite tüegest.*

bewæren im Konj. hat *daz* und den Konj.: 86, 29, 30
*gebieten — — daz zwêne biderbe man — — daz bewæren,
daz ez zîtic si unde daz ez gesunt si,* und ebenso wenn das
Hauptverb im Ind. steht: 381, 23.

geziuge sin hat *daz* und den Ind.: 21, 15 *ir sit an dem
jungesten tage — — — mine geziuge, daz ich gote sine zît
wider gevordert hân,* 363, 7, und der Konj. steht: 314, 35
unde sol sin geziuge sin, daz er ein rehter kristen si.

überkomen mit *daz* und dem Ind.: 279, 24 *Unde swer
des eine frouwen oder einen man überkomen mac mit geziugen,
daz sie ir ê gebrochen habent.*

zihen im Konj. hat *daz* und den Konj.: 111, 25 *Ez
wære — — — schedelich — — —, ob man einen menschen
zige, daz er üzsetzic wære.*

überziugen mit *daz* und dem Konj.: 321, 11 *Swederz daz
ander — — — überziugen mac, daz ez sine ê an im ge-
brochen habe.* Nach

bediuten steht der Nebensatz mit *daz* im Ind.: 178, 30
*Daz bediutet ze glicher wise daz dû dem tôde iesâ næher
bist,* 348, 12. 418, 19. 423, 10. 501, 10. 502, 12, 14, 23.
Ebenso der abhängige Fragesatz: II 221, 4.

bezeichenen hat ebenso *daz* und den Ind.: 299, 35 *be-zeichent, daz ez der touf liehter hât gemachet danne die sunne,* 417, 39. 418, 7, 29. 515, 21. 517, 7. 518, 9. II 25, 37.

sicher tuon in der 1. Person hat *daz* und den Ind.: 492, 10 *ich wil iuch des sicher tuon, daz iuwer deheiner niemer gelebet.*

Verben des Fragens, Forschens.

Die Verben und Redensarten, die gleich *frâgen* eine Ungewissheit des Subjekts bezeichnen, stehen sowohl im Got. und Ahd. als im Mhd. fast nur mit solchen Substantiv-sätzen zusammen, in denen diese Ungewissheit durch den Konj. ausgedrückt wird. Im Vergleich mit anderen kon-junktivischen Nebensätzen, die ebenfalls eine Ungewissheit ausdrücken, werden die hier zu behandelnden dadurch ge-kennzeichnet, dass von seiten des Subjekts ein Streben vorhanden ist, die Ungewissheit zu heben.

Etliche Verben bekommen erst beim Hinzutreten ei-nes Fragesatzes, der einen Gegenstand der Wissbegierde ihrer Subjekte enthält, eine dem *frâgen* gleichkommende Bedeutung. Solche sind *gedenken, erdenken kriegen, zeln, sprechen* (vgl. S. 46). Andere wie *besehen wizzen,* (vgl. S. 66, 68) können ein *wellen* zu sich nehmen, um denselben Gedanken auszuführen.

frâgen mit abhängigem Fragesatze im Konj. steht: 4, 6 *ich wil iu frâgen, ir sult mirs antwurten: weder min-ner gesündet habe, der daz gotes wort versmœhet oder,* 49, 9. 158, 12. 217, 39. 401, 39. II 19, 38. 165, 3. 240, 43. -268, 10, *ist ein frâge* ebenso: II 178, 12.

gedenken, 92, 38 *Dû solt in dînem herzen gedenken, ob dû ie deheine sünde getœtest,* 236, 1. II 235, 10, 11. 263, 8.

erdenken, 235, 39 *dar umbe erdâhte — — got einer wisheit, wie er vil werlte zuo dem himelrîche brœhte,* II 124, 26.

versuochen, 174, 10 — — *wil ez versuochen* (= nach-forschen), *waz in sô wol dâ mite si unde wie in sô wol dâ mite sî,* 242, 38 und 510, 22.

zelen, 9, 10 — — *hiez zelen, wie vil er stritbæres volkes hæte* und II 246, 16.

kriegen, 537, 17 *Wan ez kriegent die meister von Paris etewenne, welich heilige der hôhste in dem himelriche si unde von welhen tugenden einer hæher si danne der ander.*

Einige Nebensätze, die kein Hauptverb haben, wie II 119, 18 *die ir wile mê wan halbe unnützelichen verliesent, wie sie ez* (das Haar) *næt der mite gemachen,* d. h. 'um auszusinnen, wie sie ihre Haare bunt anputzen', gehören ihrer Natur nach auch hieher. Wir denken gern ein 'um zu sehen', 'um zu erforschen' hinzu. Übrige Belege mit dem Konj. sind: 337, 26 *die sich pflanzent alle zît, wie sie einen dar zuo bringen* (die sich immer ausstaffieren, um zu sehen, wie sie es bewirken mögen, dass die Männer den Kopf verlieren), ebenso 399, 5. 472, 28. 551, 31, 33. II 242, 19. 244, 24 *Und die süllt ir gar eben merken, waz edelheit und tugent si haben und welich kraft si haben, darumbe* [1]) *ob ieman hie si, den dar jâmern welle.*

Im Nhd. herrscht nach Ausdrücken des Fragens jetzt Schwanken. Es ist einem oft genug, die Ungewissheit nur durch das Hauptverb oder das Fragewort anzudeuten. Ein Paar gute Beispiele aus Bismarck's Reden [2]) liegen mir vor: S. 81 'Ich frage, ob irgend einer der rechten Seite sich imstande glaubt', S. 116 'und fragte an, ob Preussen bei der Sache beteiligt sei'. Im ersten Falle handelt es sich um kein eigentliches Wissenwollen, 'frage, ob' sagt nicht anders als: ich glaube nicht, dass. Im zweiten ist es eine wirkliche Frage, wo das Hauptverb im Præteritum

---

[1]) D: sich darumbe.
[2]) Bismarcks Reden und Breife, für Schule und Haus von D.r O. Lyon.

steht, nach welcher Zeitform der Konj. jetzt beliebter zu
sein scheint und zwar der moderne Konj. Præs. Man soll also
(nach Andresen Sprachgeb. S. 145) sagen: 'ich fragte, ob er
Englisch spreche'. Mit dieser von Andresen empfohlenen
Verwendung vergleiche seinen eigenen Modusgebrauch
S. 141 'Es fragt sich, ob die Köln. Zeit. denselben Unter-
schied hat darstellen wollen, wenn sie schreibt'. Die bei-
den Sätze verhalten sich genau wie die aus Bismarck an-
geführten. 'Es fragt sich' meint einfach 'ich glaube kaum'.
Ich citiere noch einige Beispiele aus Bismarck, in denen
er den Konj. verwendet, um zu markieren, dass er selbst in
Bezug auf die Entscheidung unschlüssig ist, und den Ind.
wenn ihm selbst die Sachlage klar ist, und nur von ande-
ren in Frage gestellt werden kann.

S. 131 'Die Frage wie Bürg-
schaften dagegen zu gewin-
nen seien'.

S. 142 'Die Frage, ob der
Besitz der Dardanellen in eine
andere Hand übergeht' (liegt
seines Erachtens nicht vor).

S. 137 'Wie nun dieser Auf-
gabe näher zu treten sei
— — — das ist die Frage'.

S. 145 'Es tritt dann die an-
dere Frage ein, ob diejenigen
— — — bereit sind, Krieg
zu führen'.

Nach den Verben des Mitteilens verwendet Berthold
den Indikativ, um auszudrücken, dass er von der Wahr-
heit des Mitgeteilten überzeugt ist, wie 248, 1 *von der her
Dâvit dâ sprach, daz sie stêt bi sinem künige,* 540, 39
*wie grôz ir liebe und ir begirde was — — — daz ist iu
gar ofte geseit,* II 92, 38 *sô lange dü nü gihest, daz diu ê
sô heilic ist.* Deshalb treffen wir diesen Modus am häufig-
sten in den Sätzen, wo Berthold seine eigenen Worte an-
führt und also selbst das Subjekt des Hauptverbs ist, wie
78, 11 *seite ich gestern, daz der tiuvel drie ræte allen men-
schen râtet,* 142, 22 *Nu wil ich sagen, wer die zehen leie*

liute sint. Eine grosse Anzahl der Indikative (47, etwa die Hälfte sämtlicher Indikative) nach den Verben des Mitteilens beziehen sich auf ein Hauptverb in der 1. Person. Den Grund für den Indikativ sehe ich darin, dass der Redende, obwohl er die Form der indirekten Rede benutzt, sich die Sache nicht anders denkt, als wenn er sie direkt anführte.

Bei einem Blick über die konjunktivischen Aussagesätze ergiebt sich, dass in etwa 34 Fällen der Inhalt des Nebensatzes nach Berthold's eigener Meinung falsch ist. Der Konjunktiv allein ist jedoch oft nicht hinreichend, um die Unwirklichkeit hervorzuheben. Dazu dienen noch ausserdem solche Wendungen, wie *des ist niht* 80, 9, *und er liuget* 208, 23, *das ist ein lügen* 386, 23, oder es geht sonst aus dem Zusammenhange hervor.

Unter den regierenden Verben giebt es einige, die durch ihre Bedeutung den Konjunktiv im Nebensatze begünstigen. Solche sind *liegen, verswern* und *striten.* Schon an dem Hauptverb sieht man denn, dass der Inhalt des Nebensatzes falsch oder streitig wird.

An 14 Stellen schliesst sich ein konjunktivischer Aussagesatz an einen potentiellen oder optativen Konjunktiv des übergeordneten Satzes an, z. B. 266, 5 *Ob ich zehen eide swüere, daz ein holz ein holz wære,* II 267, 25 *sô man in gebiutet, daz sie sagen waz ze bezzern si.* Nach einem konditionalen *wolte* findet sich einmal der Ind.: II 176, 28 *sô wolte ich iu sagen, waz ez ist.* Man vergleiche auch:

388, 9 *wie manigiu untugent uns an diesen ahte tugenden irret, daz würde eht — — gar lanc ze sagenne.*	9, 25 *waz aber diu siben hungerjâr bediuten — —, daz wære ze lanc ze sagenne.*

Der Konj. ist aber die 3. Plur. Præs. (vgl. S. 1).

Zweimal findet sich der Ind. im Nebensatze, wo der Hauptsatz ein *möhte* (sogar negiert) enthält: 422, 16 und 549, 13.

Nach Erdmann (O. § 64) wirkt der Imperativ oft auf den Modus des abhängigen Satzes ein. Ich finde bei Berthold nach Verben des Mitteilens zweimal den Konj.: 434, 30 *sage mir, wem es gliche stinke*, II 213, 37. Der Ind. steht auch zweimal: II 4, 36 *Nû erzeiget hiute, daz manic wîser man — — vor mînen ougen ist*, II 45, 5, 6 *Saget iuwern herren, daz er unsern herren hât versmæht und daz er hin ze Belzabob gesendet hât.*

Nach negiertem Hauptsatze hat der Aussagesatz den Konj., wenn das Mitgeteilte als bestritten oder ungewiss hingestellt werden soll: 212, 20 *Wie vil der eigenen sünde sî, der mac man niht ze ende komen*, 212, 24 *sô möhte ich — — niht wol gesagen wie vil tœtlicher eigener sünden wæren*, 322, 29 *ich spriche niht daz dirre zît ieglîchiu ein tôtsünde sî*, 324, 27 (etwa dasselbe Beispiel), 380, 39 *Wem der lôn werde, daz kan iu alliu diu werlt niht gesagen*, II 67, 6 *Sô lange und ich niht mac sagen, welhez allez tœtliche sünde sî*, 203, 6 *ich möhte in fünf predigen niht gesagen, welhez niur tœtliche sünde wœren.* Wenn der Nebensatz aber etwas Thatsächliches enthält, erscheint der Ind.: 436, 12 *nû getürren wir niht dâ von sagen, wie sie sint geheizen oder wie sie sint gestalt*, 442, 16 *die möhte ouch nieman gezeln unde geprüeven, wie gar unzellich unde wie gar maniger leie die tugende unser frouwe sint*, 549, 13 *Und an wie manigen sachen Mariâ den besten teil erwelt hât — — —, daz möhte ich vil lihte in einem ganzen jâre nimmer ganz volle enden*, II 85, 11 *sô dorfte ich iu niht aber sagen, welhe kraft sie hânt.*

Im Nebensatze erscheint ein selbständiger wünschender Konjunktiv, den wir aus der direkten Rede erkennen, wo er in Versicherungsformeln verwendet wird: 282, 18 *sprichest, daz dir got als wœrliche helfe, als — —*; 282, 27 *dô dû alsô sprœche, daz dir got alsô hülfe — — als.* Zwei andere Beispiele mit selbständigem Konj. Præt. finden sich: 188, 16 *sît daz der aller beste man sprichet, daz er in der*

helle die wile gerner wære, 234, 13 *ich wil des geswigen, daz
man im ein künicriche — — gæbe, und daz daz im niemer
mêr genomen würde.* Beide drücken ein im Gedanken des
Redenden bloss angenommenes Ereignis aus, das in der
Wirklichkeit keine Existenz hat. In jenem kommt der
Konj. des Nebensatzes dem Optativ, in diesem dem Kon-
ditionalis nahe.

Von den übrigen konjunktivischen Stellen lässt sich
eine Gruppe ausscheiden, in welcher die Nebensätze die
spezielle Ansicht des eingeführten Subjekts enthalten, und
zwar auf eine auffälligere Weise als in den unten be-
sprochenen Beispielen. So fasse ich folgende Stellen auf:
4, 21 *Nù sprichest dû doch, dû wizzest selber wol*, 38, 2 *und
unser herre sprach, ir wære gar ze vil* (Gîdeôn hatte gesagt:
ir ist gar ze lützel), II 133, 36 *Dô sprach einer, daz wære
der win* (und dasselbe Beispiel: I 245, 31, 33, 34), II 266, 12
wart im geantwurtet, im wære mit sîner katzen baz. Dass
der Nebensatz eine subjektivische Behauptung enthalten
wird, kann schon am Hauptverb zum Vorschein kommen.
Eine derartige Bedeutung haben die Verben *swern, wie*
148, 36, *râten, waz* 245, 31 und *kriegen* (mit Eifer behaup-
ten) *daz* 538, 15. Ihnen folgt auch stets der Konj.

Es bleiben nun noch die Fälle übrig, in denen der Modus-
gebrauch den Grammatikern, die jede Spracherscheinung
gern auf einen bestimmten Usus zurückführen wollen, die
meisten Schwierigkeiten bietet. Als das Entscheidende
für die Moduswahl in indirekter Rede gilt im Allgemeinen
die Stellung, die der Sprechende (also hier gewöhnlich
Berthold) zum Angeführten einnimmt. Sein Fürwahrhalten
oder sein Zweifel und seine Verwerfung sind es also, die
den Modus bestimmen. Zurückhaltung seiner eigenen An-
sicht wird ihm aber jedesmal durch das Setzen des Konj.
frei gestellt. Diese Regel lässt nichts zu wünschen übrig.
Alle Beispiele, selbst einander widersprechende finden durch
sie ihre Erklärung; denn wenn es heisst: *got hât erzöuget,*

wie die hellefürsten den tiuvel krœnent, so steht der Ind. wegen der Zustimmung oder des Fürwahrhaltens B's; wenn es aber heisst: *got hât erzöuget, wie diu hôhwart die gewissene erblende,* so steht der Konj. infolge des Hersagens auf fremde Autorität hin. Der innere Grund der Zustimmung in jenem und der Zurückhaltung in diesem Falle ist aber hier nicht zu ersehen.

Die beiden gegebenen Beispiele finden sich im Texte resp.: 203, 36 und 398, 23. Einige ähnliche stelle ich noch zur Vergleichung auf:

II 243, 22 *Dâ seit man so-lich wunder von einer stat und solich schœnheit, und waz wunders in der stat ist*

I 228, 1 *dâ von sprichet der guote sant Augustinus wunder unde wunder, wie schœn diu sêle ist* [1])

II 179, 23 *Von dem seite man gar vil, wie tugenhaft der wœre.*

I 126, 10 *von den dâ got selbe sprichet, daz daz mêrre teil der werlte verlorn wirt.*

II 226, 16 *sit got daz alsô gesprochen hât, daz der mê-rer teil der werlte verlorn wirt.*

II 214 12 *Nû hat got selbe gesprochen, daz daz mêrre teil verlorn werde.*

I 179, 34 *ich wil iu sagen, wie verre zem himelriche ist.*

II 246, 24 *ich wil iu die rehten wârheit sagen, wie werre ze dem himelriche sî.*

Es verdient jedoch Bewunderung, wie fein Berthold manchmal den Unterschied zwischen Objektivem und Subjektivem beobachtete. Man vergleiche:

II 251, 25 *da von sprichet sant Dionysius, daz eteliche engele ze himele sint.*

35, 8 *man seite mir für wâr daz ein diernlin von aht jâren mit einem hin wec gienge.*

---

[1]) D und a haben den Konj.

279, 24 *Unde swer des eine frouwen oder einen man überkomen mac mit geziugen, daz sie ir ê gebrochen habent.*

21, 15 *ir sit an dem jungesten tage — — — mine geziuge, daz ich gote sine zit wider gevordert hân.*

321. 11 *Swederz daz ander — — überziugen mac daz ez sine ê an im gebrochen habe.*

314, 35 *unde sol sin geziuc sin, daz er ein rehter kristen si.*

Versucht man hier in die Gedanken des Verfassers hineinzusehen, so zeigt sich, dass der Konj. im Vergleich mit dem Ind. dadurch möglich wird, dass er die Ereignisse nicht als blosse Thatsachen behandelt, wie der Ind., sondern eine Gedankenzuthat von seiten Berthold's oder des eingeführten Subjektes enthält. An der ersten Stelle ist es die Verwunderung Berthold's oder ein Anflug von Zweifel, an den zwei anderen die subjektive Auffassung der Zeugen, was den Konj. bewirkt.

Ich will mir keineswegs verhehlen, dass sich, selbst wo Schwanken zu herrschen scheint, für diesen oder jenen Modus, durch das Aufspüren stilistischer Anforderungen, durch Analysieren von B.'s Stimmungen und Gefühlsanschauungen, eine Erklärung finden liesse, die für den einzelnen Fall gölte. Ein solches Verfahren würde uns aber zu weit führen. Ich beschränke mich deshalb darauf zu sagen, wie ich mir den Modusgebrauch in diesen Sätzen veranschauliche. Paul Princ. S. 27 sagt: »Immer beherrscht der usus — — — die sprache des einzelnen nur bis zu einem gewissen grad, daneben steht immer vieles, was nicht durch den usus bestimmt wird, ja ihm direct widerspricht«. Solche Sätze wie z. B. II 214, 12—II 226, 16 (vgl. oben), wo der Funktionsunterschied zwischen Ind. und Konj. ein minimaler oder gar keiner ist, befinden sich in dem Zwischenraum (wenn ich mich so ausdrücken darf) zwischen zwei relativ bestimmten Gebrauchsarten der beiden

Modi. In diesem Zwischenraum tritt ein Schwanken ein, und zwar kommt nicht nur der Ind. dem Konj. ins Gehege, sondern der Konj. greift auch ins Gebiet des Ind. hinüber. Das geschieht durch Analogiebildungen nach den Hauptmassen der Fälle, wo jener Modus mehr umbeschränkt waltet. Und es muss besonders hervorgehoben werden, dass in den Aussagesätzen der Konj. bei Berthold der an Anzahl unbedingt stärkste Modus ist. Es lässt sich mithin kaum denken, dass im Kampfe zwischen den beiden Modis, der Ind. stets den Sieg davon trüge und der Konj. nur für den Besitz des noch nicht Verlorenen kämpfe, ohne die Offensive zu ergreifen. Im Gegenteil scheint er z. B. nach *sagen, erzeigen* und *für legen* glückliche Ausfälle auf gesicherte Positionen zu machen.

Wie erscheint nun die Wahl des Modus in den drei verschiedenen Verbindungsarten der Aussagesätze? Um das wahre Verhältnis zwischen Indikativ und Konjunktiv auf dem Gebiete, wo schon bei Berthold eine gewisse Unregelmässigkeit zu herrschen scheint, beobachten zu können, wird es angemessen sein von den Konjunktiven abzusehen, die S. 54—56 ihre Beurteilung gefunden haben. Darum werden, so weit es möglich ist, eine Grenze zu ziehen, hier lediglich die Fälle herangezogen, die für die indirekte Rede besonders charakteristisch sind. Das sind die Konjunktive, die da stehen, um indirekte Rede zu bezeichnen. Wenn wir nun auch von den Indikativsätzen deren Hauptstärke, die Sätze nach einem Verb des Mitteilens in der ersten Person, abrechnen, so stehen sich die übrig gebliebenen Indikative und Konjunktive als Konkurrenten etwa gleichstark gegenüber.

Wenn der Nebensatz ohne Bindewort angefügt wird, wird der Konj. am seltensten von dem Ind. verdrängt, weil er das wichtigste Mittel zur Bezeichnung der indirekten Rede ist. Er steht also regelmässig: 127, 33. 318, 1. 381, 6. 448, 33, 34. 514, 31. 538, 4. II 3, 19. 188, 32.

Interessant ist folgendes Beispiel des Indikativs, II
227, 3 *Sô sprechent manige, ez ist manigem diu helle
erahtet*, weil Berthold zwei Zeilen weiter unten die Prä-
destinationslehre verwirft und den Inhalt des Nebensat-
zes als eine Lüge bezeichnet. Freilich hat Erdmann
(O. § 312) indikativische Nebensätze in unverbunde-
ner Anfügung gefunden. Diese stellen aber nur That-
sachen dar. Unser Beispiel kommt was seine Nachlässigkeit
gegenüber den sonst befolgten Gebrauchsarten betrifft auf
eine noch vorgerücktere Stufe als solche nhd. Ausdrücke
wie 'meinst Du, der Onkel weiss nicht'? (Max Halbe's Ju-
gend S. 49) [1]). An den zahlreichen Stellen, wo sonst bei
Berthold unverbundene indikativische Aussagesätze vor-
kommen, werden sie vom Herausgeber als direkte Rede
geschrieben und mit Kolon und Anführungszeichen ver-
sehen, wie 2. 29 *als der wise man sprichet: 'dirre werlte
wîsheit ist vor gote ein tôrheit'.* In dem betreffenden Falle
kann deshalb durch einen Druckfehler eine bloss schein-
bare Ausnahme entstanden sein. Dies anzunehmen, bin
ich um so geneigter, als ich finde, dass die Hdschr. D die
Stelle mit *ja* statt *ez* anfängt [2]).

In den mit *daz* eingeleiteten Sätzen herrscht die Nei-
gung, das Gebiet des Konj. durch den Ind. zu beschrän-
ken. Wenn der Konj. gesetzt wird, teilt B. etwas als
eine Nachricht mit, über deren Wirklichkeit er sich au-
genblicklich nicht äussert, was ihn aber im Verlauf der
Rede nicht hindert, das im Konj. Ausgesagte als ein Fak-
tum zu behandeln. Als Subjekt des Hauptverbs steht das
unbestimmte *man* oder *ez*: 35, 38. 75, 30. 470, 3 *(sagen)*;
385, 24 *(jehen)*; II 266, 9 *(erzeigen)*. An anderen Stellen,
wo wirklichen Ereignissen konjunktivische Fassung gege-

---

[1]) Vgl. Wunderlich Umgangsprache, S. 205.
[2]) Leider ist infolge der normalisierten Interpunktion (vgl. Strobl's
Vorrede II, S. V—VI) an dem Texte nicht zu ersehen, ob vielleicht
Stellen wie 2, 29 bisweilen als abhängige Rede aufzufassen wären.

ben wird, erklärt man (mit Wunderlich Satzb. S. 78) den
Konj. am besten als ein Mittel, in der Seele eines anderen
lesen zu lassen. So: 227, 15. II 214, 12 *(sprechen)*; 314, 35
(geziuc sin); 370, 26 *(für legen)*.

Die zahlreichsten hieher gehörigen Fälle liefert der
formelhafte Ausdruck *daz daz wâr si, daz erzöuget uns got*
Der Satz *daz daz wâr si* enthält nicht eigentlich dasjenige,
welches uns Gott erzeigt. Das ist ein biblisches Ereignis,
wodurch Berthold seine eigene Behauptung bestätigt. Diese
wird — einmal im Konj. vor- (7, 39), bisweilen im Ind.
oder Konj. nachgestellt (37, 16. 74, 25. 109, 16. 113, 3.
463, 3. 519, 3.) — an *daz daz wâr si* angeknüpft, oder
ist am gewöhnlichsten in dem vorangehenden, durch einen
Punkt getrennten Satze enthalten. Wenn der eigentliche
Gegenstand des Erzeigens (der Objektssatz) direkt an das
Hauptverb gefügt wird, steht bis auf einen Fall, sowohl
mit Vor- als Nachstellung des Objektssatzes, der Ind. (vgl.
erzeigen S. 47).

Der Ausdruck *daz daz wâr si* enthält nun kein für
das rechte Verständnis des Ganzen unentbehrliches Wort.
Er könnte schlechthin ausgelassen werden, da die Wahr-
heit des Gesagten immerhin auf der im Hauptsatze ange-
führten göttlichen Autorität ruht. Da er nun aber einmal
da ist, hat er etwa dieselbe Bedeutung wie das dem Haupt-
satze vorangestellte *daz*. Er verbindet nämlich zwei Haupt-
gedanken, z. B. 'wer in tötlichen Sünden stirbt, wird ver-
loren (dass das wahr sei), das erzeigte Gott an Judas'. Der
Satz ist als eine gedächtnismässig fortgepflanzte Formel
anzusehen, die dazu dient, einen vorhergehenden Gedanken
wieder aufzunehmen. Der Konj. ebenso wie der ganze
Ausdruck ist dann eine Art von Isolierung.

Eine Bedeutung, die den Inhalt des Dasssatzes ob-
jektiver darstellt, haben die Verben *bediuten, bezeichenen*.
Sie verlangen deshalb stets den Ind. (jedes 7mal). Und
wenn von dem *daz daz wâr si* abgesehen wird, ist bei

erzeigen der Ind. auch vorherrschend (11mal). Wenn die Fälle beiseite gelassen werden, wo das Hauptverb in der 1. Person steht, scheint *sprechen* den Ind. (6), *sagen* den Konj. (1 Ind.) vorzuziehen. Der Ind tritt ferner nach *geziuge sîn, überkomen, singen, schriben* und *jehen* auf.

Der in den indirekten Fragesätzen häufig auftretende Indikativ gehört grösstenteils einem Hauptverb der 1:sten Person an. So besonders nach *sagen* und *für legen* und auch *sprechen* und *verjehen* (zusammen mehr als 40mal gegen 5 Konj.). In den übrigen Sätzen hat der Ind. nur ein wenig Übergewicht. Von Verben, die beide Modi aufweisen, hat *sagen* 7 Ind. gegen 5 Konj., *sprechen* 2 gegen 2, *erzeigen* 9 gegen 6. Der Ind. erscheint nach einzelnen Verben, wie *nennen, enden, bediuten* und der Konj. desgleichen nach *hœren lâzen, buoch machen* und *gereden.*

Für die Predigt 65 lautet die vollständige Überschrift der Handschrift D: *Von sand Jeronium ein guet predige, und wie man gote lieb und aller liebst tue.* Hier macht der Konj. den Hauptsatz, von dem er abhängt, überflüssig: *Diu predigt sagt* oder Ähnliches [1]). Doch liesse sich der Grund des Konj. in der Überschrift auch darin sehen, dass der Inhalt des Satzes von seiten des Predigers und Seelsorgers als gewünscht oder erheischt gefühlt wird. So beurteile ich auch: 460, 29 *Ich han iu — — geseit, wie man gote liebe tuo an heiligen liuten,* II 192, 8 *ich wil ouch den witewen sagen, welhe gote — — — aller liebeste sin.*

Einen Zug von Sparsamkeit im Ausdrucke zeigt Berthold auch 69, 33. Nach der Beschreibung des Tempelbaus zu Jerusalem, die er auf eigene Gefahr hin im Indikativ giebt, springt er ohne Anführungswort in den geringere Verantwortlichkeit übernehmenden Konjunktiv über: *Dô wœr ein künic dar komen von Kaldêâ,* und dann gleich

---

[1]) Vgl. Wunderlich Umgangssprache, S. 205.

wieder *und zebrach in allen samt; wær komen* bedeutet
hier 'soll gekommen sein' [1]).

Verben des Wahrnehmens, Erkennens, Wissens.

sehen mit *daz* in der Bedeutung 'mit den Augen wahr-
nehmen' hat überwiegend den Ind.: 95, 1 *ir seht wol, daz
sie alle samt sint alse juncliche gemâlet als ein kint,*
125, 9 *Unde dâ von sehet ir wol, daz niht sô tumbez ist noch
deheiniu krêatiure sô klein ist — — — ez fürhte den tôt,*
159, 8 *ir seht wol, daz der almehtige got aller der gelider
mêr uns gegeben hât wan der zungen,* 266, 15. 270, 25.
322, 11. 375, 30, 34. 503, 1. 515, 16. 553, 12. 561, 27.
II 67, 26. 72, 22. 101, 12. 134, 8, 12. 138, 15.

In der Bedeutung von 'einsehen', 'verstehen', 'wissen'
wird *sehen* auch mit dem Ind. gesetzt: 68, 29 *Nù sihe ich wol,
daz maniger in grôzen sünden ist,* 132, 30 *und dâ bi siht man
wol daz der tiuvel alle tage iteniuwe stricke vindet,* 231, 3
Nû seht ir wol, daz sie nimmer guoten tac lebent, 237, 28.
404, 17. 408, 17. 426, 11. 509, 37. Der Konj. Præs. fin-
det sich nach einem Hauptsatze, der konditionalen Sinn
haben kann: 112, 3 *sô ir seht, daz sie ungerne lernen, so
sult ir sie dâ von lân,* 334, 38 *unde swenne ir daz an ir
seht, daz sie ir lîp zertlîche ziehe an spîse und an gewande,
sô gebet.* Zweimal erscheint der Ausdruck *daz daz wâr si*
als vorangestellter Objektssatz zu *sehen:* 230, 14 *daz daz
wâr si, daz sehen wir an vil dinges,* und mit Præteritum
im Hauptsatze: 233, 24 *daz daz wâr si, daz sach der guote
sant Johannes in apokalipsi* [2]). In einigen Fällen steht der
Konj. Præs. oder Præt. nach einem Absichtssatze: 260, 14
*henket sinen schilt für daz gezelte unde zeiget dâ mite der
werlte, daz man sehe daz ez sin herberge si,* 439, 21 — —

---

[1]) Vgl. Andresen Sprachgebrauch 7. Aufl. S. 205 Anm. 2 und Wun-
derlich Unsere Umgangsprache S. 208.

[2]) II 24, 4 *unde dô der herre sach, daz er sô wol gewunnen hæte;*
hier sollte vielleicht 'hete' stehen. Im zweiten Band ist, wie schon be-
merkt, dieser Unterschied nicht streng durchgeführt.

daz er alle dise werlt wolte lázen sehen, daz im nieman
alsô herte wære als die gitigen, ebenso 439, 37. II 187, 38
daz man sehe, daz sie veile sî. In zwei anderen Beispielen
drückt der Konj. Præt. einen bloss angenommenen Vor-
gang aus: II 53, 2 *Sihestû, daz halt die zwelfboten hungeric*
vor dir sæzen, 126, 37 *Dô die tiuvele sâhen, daz der werlte*
also vil ze himele komen wære.

Mit folgendem Fragesatze verbunden, steht *sehen* häu-
fig im Imperativ. Nach diesem setzt Berthold den Konj.
Præs., wenn er den Inhalt des Nebensatzes als in die
Sphäre der Subjektivität gehörig bezeichnen will: 4, 16
Nû sich, wie din kunst sî gein der heiligen kunst (wo B.
mit darunter versteht: 'deine Weisheit ist nichts im Ver-
gleich damit'), 9, 12 *Nû seht, waz uns dâ mite sî gemeinet,*
66, 22 *Nû seht, ir hêrschaft, wederre iu baz gevalle,* 82, 5
Lât sehen, wer von disen frî sî (= keiner wird wohl frei
sein), 80, 3. 125, 36. 127, 36. 149, 7, 8. 185, 25. 189, 14.
204, 35. 228, 24. 235, 14. 260, 18. 378, 33, 34. 413, 17.
449, 12. 501, 32. 523, 26. 568, 38. 572, 35. II 2, 20, 27.
34, 26. 72, 1. 98, 31. 227, 18. Der Konj. Præt. steht
mit Vergangenheitsbedeutung: II 219, 8 *Nû seht in iuwer*
herze, ob ir ie kein dinc getætet, und um etwas bloss An-
genommenes zu bezeichnen: 234, 39 *Nû seht, waz danne*
daz wert wære; ferner mit Voranstellung des Nebensatzes:
127, 21 *Nû wie groz diu martel wære, daz sich unde mer-*
kez. — Wo losere Abhängigkeit vorhanden ist, erscheint
nach dem Imperativ von *sehen* der Ind. Der Inhalt des
Nebensatzes tritt dann zu der Vorstellung des Subjekts
(der angeredeten Person) nicht in so nahe Beziehung, als
wenn der Konj. gesetzt wird. Ein Beispiel liegt vor, wo
der folgende Satz unabhängig da steht: II 67. 31 *Nû seht,*
ez was ein zeichen an unsern sêlen. Die Worte *nû seht*
haben oftmals gerade die Funktion einer Interjektion und
dienen einfach dazu, die Aufmerksamkeit der Zuhörer auf
das Folgende zu lenken. Ausserdem konnten wegen der

schwankenden Stellung des finiten Verbs im Mhd. diese abhängigen Fragesätze dem Bertholdschen Sprachgefühle als selbständige Ausrufesätze vorkommen. Der Ind. steht: 15, 11 *Nû sich, würfeler, wie vil unsælden von dinem verfluochten amte kümt!* 17, 4 *Nû seht, wie maniger leie trügenheit man erdenket!* 33, 20. 58, 32. 77, 12. 84, 6, 39. 89, 24. 98, 4. 113, 26. 130, 19. 133, 35. 140, 21. 141, 2. 165, 5. 175, 2. 184, 20. 206, 9. 210, 20. 221, 29, 30. 222, 6, 7. 226, 10. 230, 31. 247, 22. 264, 27. 272, 18. 290, 33. 292, 28. 293, 5, 9. 295, 11, 23. 299, 37. 302, 21. 305, 18, 31. 307, 14. 334, 10. 346, 21. 349, 23. 354, 4, 21. 358, 17, 27. 360, 16. 363, 22. 390, 18. 400, 23. 401, 23. 404, 12, 32, 37. 405, 7, 12. 410, 9. 412, 34, 35, 36. Die Zahl der Indikative übersteigt schon die der Konjunktive mit 27 und könnte leicht vermehrt werden. Nach dem Ind. Præs. steht der Konj.: 158, 20 *Und alsô siht ein wise man wol an den liuten, weder sie tugenthaft sin oder niht.* Das Adverb *wol* hat Berthold sonst im Hauptsatze, nur wenn er Thatsächliches im Ind. anführt: 24, 2 *ir seht wol,* — —, *wie er sorcliche stêt,* 77, 36 *ir seht ouch wol, wie küme sie die buoze angrifent,* 158, 17 *ein wiser man siht an einem boum wol, ob er guot obez treit oder niht,* 158, 22. 371, 2. 419, 15. Der Konj. erscheint, wenn der Hauptsatz einen Wunsch oder Befehl im Konj. enthält: 182, 25 *die sæhen gerne, wie lange der jungeste tac wære,* 183, 5, 7. 184, 19. 419, 2. 519, 12. *suln* im Hauptsatze kann (Paul Gr. § 358) dieselbe Einwirkung haben: II 118, 7 *Zem ersten sult ir sehen, ob er üzgebrochen sî oder üzsetzic.* Der Ind. steht jedoch in einem ganz ähnlichen Falle: 513, 5 *alsô sol der — — priester sehen, ob der mensche tœtlich an der sêle ist oder genislich,* 140, 18 *Dâ sult ir sehen, — —, wie liep iuch hât gehabet der almehtige got.* Der Konj. steht nach einem Konj. der indirekten Rede: II 18, 9 *sprechent sie varn in die helle und sehen aldâ wie ez umbe den menschen stê,* und nach einer mit *ge-* zusammengesetzten Form (Paul Gr. § 308, 5), um Unsicherheit auszudrücken: 24, 3 *Ir seht wol, — —, wie er sorcliche stêt unz er gesiht, wie ez im ergê an der reitunge.* Der Ind. steht nach einem konditionalen Konj. des übergeordneten Satzes: 8, 31 *und hæte er* (Esau) *baz ûf daz ende gesehen, waz im dar nach künftic wart, er wære von hunger ê tôt gelegen.* Der Nebensatz bezieht sich hier mehr auf *ende,* das Objekt des Verbs *sehen,* als auf das wahrnehmende Subjekt, und wird als eine von Berthold selbst gemachte Erweiterung des schon vorhandenen Objektes aus seinem konjunktivischen Zusammenhang losgerissen und in den Ind. gesetzt.

besehen in der Bedeutung 'wahrnehmen' hat *daz* und den Konj.: 109, 16 *daz daz wâr si — — daz besiht man an dem jungesten tage wol.*

Hat *besehen* einen abhängigen Fragesatz nach sich, nimmt es die Bedeutung von' zusehen', 'untersuchen', 'prüfen' .an, und hat nur einmal den Ind.: 34, 26 *sô ir niuwe heven koufet, sô beseht irz wol ob ez wâr ist,* oft aber den Konj.: 116, 38 *daz sult ir — wol besehen — —, welher leie ein ieglichiu ûzsetzikeit si,* 117, 1, 18. 122, 26, 31. 177, 15. 242, 36. 514, 1. II 3, 11. An diesen Stellen schliesst sich *besehen* an ein *suln* oder *wellen* an, oder steht im Imperativ. Sonst hat es den Konj.: II 117, 15 *sô besach man ê gar wol ob er ûzgeborsten wære.*

lesen wird von B. meistens in der Bedeutung *in den heiligen buochen lesen* verwendet. Ausser in dem Satze *daz daz wâr si* (173, 12) steht in Sätzen mit *daz* der Ind. nach positivem Hauptsatze: 30, 8 *Alsô liset man hiute von den martelæren, daz sie — — — got selbe hât erlœset,* 122, 18 *dâ von liset man — — —, daz man alliu jâr dar gieng,* 233, 2. 254, 10. 256, 6. 266, 14, 16, 17. 366, 23. 485, 16. 574, 12. Nach negativem Hauptsatze steht der Konj. Præs.: 151, 9 *wir lesen daz niht, daz salz in deheine slahte wise si ein spise sô ungesunt — — — als in brôte,* 480, 38. 516, 23, und der Konj. Præt.: 79, 7 (vgl. S. 3).

381, 29 *Sô liset man daz niendert, daz ie dehein sünder an sinem tôde bekêret würde,* 435, 7 *unde lesen des niht — —, daz sit ie dehein mensche wære,* 448, 17. 488, 5. II 206, 30. 253, 2. Nach negiertem Hauptsatze steht einmal die Form *hete:* 60, 5, 6 *Man liset ez niht, daz er* (der reiche Mann) *iendert einen pfenninc unrehtes guotes hete, wan daz er mit dem rehten guote als gitic was unde der tugent niht hete diu heizet miltekeit.*

Nach *wie* steht ein Konj. mit einem Ind. koordiniert: 194, 2 *Wan dâ liset man griuliche, wie jæmerlich der selbe tac werde des jungesten gerihtes, unde wie der almehtige got sprichet;* sonst immer der Ind.: 105, 28 *Dâ liset man — — —, wie manic tusent sêle — — verdampt sint,* 131, 19. 230, 25, 26. 253, 3. 449, 16, 17, 18. 452, 35.

wizzen *daz* hat überwiegend den Indikativ, weil das Verb *wizzen* 'eine sichere Überzeugung hegen' bedeutet: 31, 12 *sie wizzent daz wol, wenne daz kint den touf enphæhet, daz im danne der himel offen stêt,* 55, 13. 59, 5. 149, 17. 188, 18. 218, 7. 247, 25. 250, 39. 282, 19. 283, 3, 4. 327, 8. 346, 33. 487, 6. 574, 22, 32. 575, 18. II 19, 35. Auch nach einem Imperativ steht der Ind.: 71, 33 *daz wizze, daz dir nôt ist der gnâden unsers herren,* 160, 20. 458, 30. -- Der Konj. erscheint, wenn der übergeordnete Satz eine Absicht enthält, wie 459, 5, 6 *darumbe — — das man wizzen sol, daz er voget unde herre sî des landes,* und wenn der Hauptsatz bedingend ist oder der Nebensatz vom Eintreten eines andern Ereignisses bedingt wird, so im Præs.: 84, 38 *die* (= wenn einige) *diz wizzentlichen koufent von in unde wol wizzent, daz sie ez mit unrehte gewinnen,* im Præt.: 171, 28 *er wiste wol daz die liute dar an verzagten und im aptrünnic eht würden* (wenn der Weg der Märtyrer allein zum Himmel führte), 171, 32. 316, 29. II 3, 13. 7, 16. 142, 5.

In dem von *wizzen* abhängigen Fragesatze findet sich der Ind.; nach positivem Hauptsatze: 150, 11 *ir wizzet selbe aller beste, wie lügenheit unde trügenheit an iuwerm koufe gescheffic ist,* 374, 11 *Her Adam wiste vil wol, war zuo ieglichez guot was,* 377, 22. 472, 1. 534, 7; nach negativem Hauptsatze: 34, 7 *weiz niht, ob ez übel oder guot ist,* 38, 36 *ir wizzet vil lützel, wie der edel süeze kern smecket,* 44, 23, 28. 90, 3. 114, 32. 149, 35. 177, 32. 230, 36. 310, 26. 331, 4. 334, 2. 345, 23, 24. 356, 22. 359, 6. 362, 16. 444, 26. 467, 6. 491, 18. 494, 1, 2. 513, 23. II 8, 18. 11, 1, 2. 56, 37. 193, 6. 195, 5. 218, 36. 223, 15. 259, 31; nach konditionalem Satze: 24, 31 *weist dû aber ob sie ez mit unrehte gewunnen hânt,* 317, 23, 25. II 166, 17. 252, 10; in einer Frage: II 149, 18 *Gitiger, weistû wol, wâ von dû aller sünder schedelichste bist,* 171, 25. — Den Konj. haben wir an folgenden Stellen; nach *wizzen suln:* 111, 24, 25 *Ir jungen priester (die alten wizzent ez selbe wol), ir sullet wizzen, wie ir einen ieglichen menschen berihten sullet in der bihte, ob ez ûzsetzic oder ûzgeborsten si, wâ ez ûzgeborsten si oder wâ ez ûzsetzic si,* 112, 14. 117, 27. II 117, 34. 147, 9; nach *wizzen wellen:* II 20, 39 *sô wil er wizzen wâ hin sie gehœre,* 21, 9; von einem Absichtssatze abhängig: 114, 37 *daz ir wizzet, wer an dem hâre ûzsetzic si und wer ûzgeborsten si;* als selbständigen Konj. Præt., der auch in dem unabhängigen Satze stehen würde: II 212, 31 *Ich weiz wol waz ir hie aller gerneste wœret;* nach einem übergeordneten Satze, der etwas Unwirkliches, bloss Angenommenes oder Gewünschtes im Præt. aussagt: 4, 10 *wir möhten niht wizzen waz got wœre,* 4, 12. 234, 18 *der mir iezuo zehen marke silbers gœbe! daz wiste ich waz daz wœre,* 285, 33. 251, 39 *owê! wan wiste ich, ob ich ein himelkint wœre oder ein hellekint,* 472, 3. 549, 9. II 20, 2. 152, 37. 203, 8. 246, 14.

Einige der obigen Gruppen bieten Beispiele zur Vergleichung dar:

490, 23 *ob ez geschehen ist oder niht, dâ einweiz ich niht umbe.*

II 188, 18 *Und waz ez si, daz weiz nieman hie baz dan ir.*

399, 32 *ich enweiz niht, wie ez umbe sin herze stêt.*

469, 8 *alse wil er wizzen wie dů den minnesten munt vol âne worden bist.*

112, 18 *Sie sullen gar wol wizzen, wer ůzgeborsten ist oder wer ůzsetzic ist.*

II 203, 18 *dâ weiz ich niht, waz tôtsünde si.*

25, 11 *oder er wil gar wol wizzen wie dů sin âne worden sist.*

111, 33 *sô sult ir dannoch für baz wizzen, wâ der mensche ůzsetzic si: ob er an dem hâre ůzsetsic si.*

hœren mit *daz* hat den Konj.: 572, 21 *dô der bischof — — daz hôrte daz er vil unrehtes guotes hœte*[1]), ebenso, wenn es in der Bedeutung 'sagen hören' steht: 351, 25 *ich hân gehôrt, daz eteliche pfaffen die bihte sagen ir wiben.* Sonst steht der Konj. nur nach negiertem Hauptverb: 370, 16 *wan ez was niemer gehôrt von anegenge der werlte, daz ie dehein mensch sô bittern tôt ie erlite,* II 156, 25, und wenn der Nebensatz ein bloss angenommenes Ereignis enthält: 403, 33 *Sie gênt ouch niht ze frumen steten, wan dâ sint die liute verstendic unde hœrent*[2]) *daz er ein ketzer wœre.* — Der Ind. findet sich: 74, 14 *dâ von redet er daz beste daz er mac unde daz dů gerne hœrest, daz er gedenket: mir ist bezzer ein wênic wan gar verlorn,* 347, 22. 439, 6. II 150, 20 (nach Imperativ), 223, 29.

Mit dem abhängigen Fragesatze im Ind. steht *hœren:* 68, 27 *Ir hœret wol, wie maniger hande arbeit die armen sünder habent,* 218, 24. 353, 12, 13. 449, 11. Moduswechsel findet sich: 464, 5 (vgl. S. 2 oben). — Nach dem Imperativ erscheint zweimal der Konj.: 492, 1 *Nů hœret — —, wie gar daz si ein ungeloube,* II 216, 13 *Nů hœret wie man den andern verfluochte und wer der si;* der Ind. ist 12mal belegt; 41, 17 *Nu hœret — —, wie maniger leie verdampnisse an diner sünde lit,* 282, 10. 370, 5, 6. 391, 2. 398, 35.

[1]) a hat hett.
[2]) a besser: hôrten.

399, 11. II 37, 35. 57, 27. 92, 15. 152, 12. 166, 24. 170, 25, 26. 187, 10.

erkennen mit *daz* hat den Ind.: 222, 22 *wan sie daz genzlîche erkennet, daz sie nâch der gotheit gebildet ist*, 534, 3. und den Konj.: 105, 12, 13 *dô er sich erkante her Dâvit, daz er sich überhaben hæte gein gote*, desgleichen in der Bedeutung von 'bekennen': 453, 34 *sol der mensche erkennen, daz er wâren menschen unde wâren got enphâhe*. In dem abhängigen Fragesatze steht der Ind., auch wenn der übergeordnete Satz final ist: 141, 29 *daz ir aber deste baz erkennet, wie herzeclîchen liep der almehtige got uns gehabet hât;* jedoch steht der Konj.: 541, 22 *unde zeigent ez* (das Kreuz) — —, *dar umbe daz sie erkennen, waz got durch uns erliten habe;* nach negiertem Satze steht der Ind.: 79, 10 *was ein grôziu sünderin und erkante halt niht, wer got was*, 374, 12 *Nù sîn wir leider als tôreht, daz wir sîn niht erkennen mügen, war zuo iegelichez guot ist;* an einer anderen Stelle steht der Konj. nach positivem Satze: 111, 31 *Unde sô ir daz gar erkennet welchez ûzgeborsten sî oder welhez ûzsetzic sî*.

bekennen steht nur mit dem Ind. Mit *daz*: 222, 20 *sô bekennet sie sich — —, daz sie wider heim komen ist*, 118, 39.

Mit einem Fragesatze: 27, 20. 251, 37 *ich wil iuch — — lêren daz iuwer ieglichez wol bekennet hinnen für mê, welher ein niederlender oder ein oberlender ist*, 376, 6 *sô bekennet er übel unde guot, von wannen er komen ist*, II 15, 10.

merken, 'ins Gedächtnis einprägen' oder 'wahrnehmen', kommt meist im Imperativ mit abhängigem Fragesatze vor. Der Konj. steht: 81, 36 *unde merket alle samt wie vil der sî*, 221, 2. 252, 31. 323, 32. 495, 10. 513, 37. 568, 15. Der Ind. tritt auf: II 46, 17. 186, 8.

Nach *ir sult merken* setzt B. einmal den Konj.: II 244, 23 *Und die sült ir gar eben merken, waz edelheit und tugent si haben und welich kraft si haben*[1]), und dreimal den Ind.:

---

[1]) D hat den Ind.

303, 22 *Unde hie sult ir merken, wie man unsern hern mit
der begerunge enpfœhet*, 372, 11. II 118, 33. — Ausserdem
hat *merken* den Ind.: 471, 37 *Nû merket ein ieglich mensche
wol,* — —, *weder er ze der helle oder ze dem himelriche hœret.*

Nach *daz* steht der Ind.: 114, 29 *merket mir daz gar
eben: alle die als langez hâr tragent als diu wîp, daz die
rehte wîbes herzen tragent*, 287, 7. In beiden Fällen nach
dem Imperativ.

vinden d. h. 'von der Schrift bestätigt finden' hat *daz*
und den Konj., wenn es negiert wird: 381, 35 *Unde vindet
man ez niendert in den vier und zweinzic buochen, daz ez-
einigem menschen ie wiederfüere*, 384, 13, sonst den Ind.:
324, 13. *Wir vinden ofte, daz die frouwen kiuscher sint
danne die man.*

Im indirekten Fragesatze steht der Ind.: 103, 19.
453, 6, 9 *Unde wie daz got gerochen hât an in, die des
rehten kristenglouben sint wider gewesen, des vindet man âne
mâzen vil in der alten ê —, wie got ie den sinen gestuont,*
550, 6. Im nachstehenden Beispiel erscheint *swie* (= *wie*)
mit dem Konj. in einem vorangehenden Objektssatz zu
vinden: 107, 27 *Unde swie maniger leie schaden diu selbe
untugent habe diu dâ heizet gitikeit, daz vindet man in dem
sermône von den drin lâgen.* Dass wir es hier mit einem
abhängigen Fragesatze zu thun haben und nicht mit einem
Konzessivsatze, ist sowohl aus dem Sinn als aus dem Fehlen
des *sô* im Hauptsatze einleuchtend. Der Konjunktiv wird
wohl durch eine Kontamination des Objektssatzes mit dem
von *swie* eingeleiteten Konzessivsatze hineingekommen sein.

enpfinden hat *wie* und den Ind.: 223, 17 (negierter
Hauptsatz) und *daz* und denselben Modus: 489, 3.

innen werden steht mit dem Konj.: 251, 34. 273, 25,
beidemal nach konditionalem Konj.

verstân hat *daz* und den Konj. bei Voranstellung: 326, 6
Daz die frouwen striten, daz mahtû lihte verstên, und wenn
negiert: II 50, 35 *Alsô sult irz niht verstên, daz got ieman*

sin genâde versage. Der Ind. steht im Dasssatze: 105, 7 *Als er sich dô verstuont her Dâvit, daz er alsô kalt was worden an der liebe gotes,* und auch nach negiertem Hauptsatze: II 169, 33 *wir verstèn noch niht, daz der tiuvel teiler wirt und wie er teiler wirt.*

Im abhängigen Fragesatze steht der Konj. nach konditionalem Konj.: 299, 20 *ob sie künden wizzen unde verstèn wie grôzen schaden sie dar an haben enpfangen,* und ausserdem: II 147, 4 *ir sult ez alsô verstân, war umbe oder wâ von diu sünde aller wirstiu sî.* Der Ind.: II 169, 33.

betrahten — 'erwägen' mit abhängigem Fragesatze im Konj.: 8, 24 *ir sult gar wol betrahten, welich ende ez neme.* Desgleichen

warten = 'achtgeben': 261, 14 *ir sult vil eben warten, wâ einer sinen schilt gehangen habe,*

kunnen — 'verstehen': II 118, 2 *daz ir kunnen sult,* — — —, *wâ der mensche danne ûzsetzic sî,* I 2, 20, und

underscheiden: II 118, 15 *daz ir — — — underscheiden kunnent — — welhez ein tegelichiu sünde sî.*

lernen hat im indirekten Fragesatze einen Konjunktiv, der selbständige irreelle Bedeutung hat: 198, 21 *daz er hie bi lernete, wie vil bezzer wære ze dienen gewesen gote danne dem tiuvel.*

warnemen steht mit *ob* und dem Ind.: 509, 29 *er nimt wol war, ob diu zeichen an dir sint des tôdes oder niht,* und sogar dem *besehen* mit dem Konj. beigeordnet: II 117, 19 *so besach man ê gar wol ob er ûzgeborsten wære — — — und nam danne war, ob diu ûzsetzikeit rôt was oder bleich.*

vernemen daz mit dem Ind.: 332, 27.

Verben des Glaubens, Meinens, Denkens.

wænen scheint bei Berthold oft geradezu 'eine falsche Vermutung hegen' zu bedeuten, denn in 66 von 71 Fällen ist der Inhalt des Nebensatzes falsch oder wenig-

stens von dem Standpunkte, den B. dazu einnimmt, irrig.
Einmal bedeutet *wœnen* 'nicht bestimmt wissen': II 176, 6
Wâ von aber daz si, daz in unser herre niuner hande na-
men hât gegeben, daz wœnen wir.

Unverbundene Anfügung mit dem Konj. Præs. kommt am
häufigsten vor: 3, 19 *sô wil er wœnen, er si halben wec,*
16, 12, 19. 17, 30. 86, 23. 104, 18. 105, 4. 117, 10. 146, 22.
160, 4, 27. 162, 35. 162, 30. 230, 32. 285, 14. 300, 18.
355, 36. 394, 2, 15. 437, 28. 506, 23. 543, 11. 555, 39.
II 28, 33. 44, 23. 58, 12. 79, 4. 121, 6. 154, 15. 159, 35.
160, 21. 179, 10. 221, 27, 28. 243, 10, 13, 14, 15, 17. Der
Konj. Præt. steht nach Præs., um den Gegensatz zu der
Wirklichkeit besonders hervorzuheben: II 207, 25 *wie ist*
dir sô geschehen — — —, daz dů wœnest, jener wœre ein
guot mensche der dich dâ hât gelêret in einem winkel, nach
Præt.: 432, 1 *ich wolte wœnen, sô man ie baz gœze unde*
getrünke, sô man ie stärker unde gesünder wœre, 546, 4.
II 195, 34. Zweimal tritt der Ind. auf, wenn B. seine
eigene Vermutung ausspricht: (vgl. oben 432, 1), 58, 5 *ich*
wœne diu tugent hie ze lande tiuwer ist, ebenso II 236, 7,
sonst nur einmal: II 34, 4 *Nů wellen eteliche liute wœnen,*
des niht ist.

Nach *wœnen* mit *daz* tritt ausschliesslich der Konj.
auf. Der Konj. Præs.: 2, 30 *Unde wœnen doch daz sie wise*
sin, unde sint doch itel tôren, 34, 11. 43, 14. 175, 4. 207, 6.
286, 9. 327, 3, 18. 381, 36. 382, 25. 397, 32. 398, 8, 14,
15, 16. 458, 32. 482, 33. 490, 36. 527, 3. II 9, 8. 60, 35.
63, 33. 141, 6. 170, 39; bisweilen richtet sich das Subjekt
auf ein in die Zukunft verlegtes und mithin ungewisses
Ereignis: 206, 23 *Wie wœnest dů daz dir geschehe,* 573, 4;
war umbe wœnet ir, daz heisst 'wisset ihr warum' und
nimmt in den Konj. das als wahrhaftig angesehene Ereig-
nis des Nebensatzes, um Subjektivität zu markieren: 395, 34
War umbe wœnet ir, daz er iu sô maniger hande varwe
kleider habe gegeben, II 238, 32. — Der Konj. Præt.: 3, 10.

400, 3. 491, 1 *wândest dû daz im unser herre sô lihte himelriche gebe* [1]*), des er niht verdiente*, 572, 27.

trûwen und *getrûwen* bedeuten: 'erwarten von', 'hoffen' und 'glauben'. Sie haben immer den Konjunktiv. Unverbundene Anfügung kommt vor: II 269, 21 *daz der mensche gote getrûwe* — — — *er gebe sich ouch dort im ze freuden êwiclichen.*

Mit *daz* nach negiertem Hauptsatze: 41, 35 *daz dû dem almehtigen gote niht getrûwest, daz er dich ernere*, 47, 5, 11. 104, 1. 418, 1. II 144, 26; ferner: I 35, 25 *manige liute trûwent, daz diu kint niemer\ gnuoc gewinnen*, 148, 34. 307, 15 *Alsô sult ir im getrûwen, daz er iuch* — — — *wol ernere*, 433, 30 *den kan man niemer sô vil in gefüllen, daz man dannoch trûwe daz ez genuoc habe*, II 194, 24 *getrûwet wol gote, daz er iuch es alles ergetze*, 257, 18.

gelouben hat unverbundene Anfügung im Ind., und der zweite Satz wird als grammatisch unabhängig gefühlt: 477, 20 *ich gloube wol, ungetriuwe liute sint andern ungetriuwen liep.*

Der Konj. nach *daz* tritt auf, wo der Gegenstand des Glaubens als falsch bezeichnet werden soll: 264, 22 *Sô geloubent eteliche an bœsen aneganc: daz ein wolf guoten aneganc habe*, 264, 25. 404, 13. II 17, 35; nach· einer Frage: 532, 17 *Waz gloubest dû, —, daz ein sêle iemer verlorn sî niuwer von einer sünde?* II 71, 11; nach auf einmal konditionalem und negiertem Satze: 298, 4 (hat etwa dasselbe Beispiel wie) II 84, 1 *Ob ein mensche niht gelouben wil, daz der stein oder diu wurz die kraft niht habe.* Einmal setzt B. den Konj., wo er ·den Inhalt des Nebensatzes für wahr hält: II 235, 15 *Dû solt daz rehte gelouben daz ez alsô sî.* Der Ind. erscheint jedoch, wo die Wirklichkeit besonders hervorgehoben werden soll: II 83, 20 *swer des niht geloubet, daz sie alsô grôze krefte hânt*, 83, 26, 31, 32. 207, 35. 269, 9. 271, 19.

---

[1]) Soll wohl 'gæbe' sein, vgl. S. 2 f.

ez dunket steht ohne Konjunktion mit dem Konj.: 469, 24 *wan sie ez dünket, ez zeme diu hôhvert wol bî der kur-zewile;* der Hauptsatz ist konditional.: II 255, 3 *iuch diuhte ez wære sünde.*

Mit *daz* und dem Konj.: 6, 8 *Dunket dich danne daz ez dir ze guote kume,* 492, 36 (Hauptsatz negiert). 530, 25. II 124, 13. Der Ind. steht: 551, 22 *swenne ez dünket, daz ez unordenlichen lebet,* II 138, 4. 160, 4.

dâ für hân bezeichnet eine rein subjektive Meinung und bewirkt den Konj., selbst wo es in erster Person steht. Unverbundene Anfügung steht: 82, 3 *Ich hân ez dâ für, ir sî daz mêrre teil,* 335, 10;

daz und der Konj.: 2, 17 *Sô hât man ez dâ für daz diu kristenheit zehen tûsent buoch habe,* 512, 33, 34. II 159, 2 *Nû hân ich ez dâ für daz nieman sî unser.*

gedenken bedeutet meist 'etwas in den Gedanken auf-nehmen', ohne dass die subjektive Auffassung über den Ge-genstand hinausgeht. Darum steht im Nebensatze meist der Ind.; *daz* mit diesem Modus steht: 13, 8 *suln — von im geden-ken, daz er eine gewaltic ist,* 13, 5. 159, 18 *sô gedenke dar an, daz dir got niwan eine zungen hât gegeben.* Wenn aber der Inhalt des Nebensatzes nach Berthold falsch ist, setzt er den Konj.: II 18, 4 *Gedenkest dû denne, daz er dir sünde erahte?* 215, 19.

Mit abhängigem Fragesatz im Ind.: 13, 24. 55, 26. 468, 19, 23. 566, 27. II 51, 29. 241, 6 und 255, 29. Etwa im Sinne von 'grübeln' steht *gedenken* mit *wie* und dem Konj.: 265, 12, und sonst: 92, 38. 104, 20 *swenne ez im gedenke wie ez ein hôhvart vollebrâht habe.*

meinen kommt bisweilen seiner Bedeutung nach dem 'wol-len' sehr nahe und hat dann den Konj.: 91, 14 *Daz mei-nest dû niendert alsô, daz sie vaste unde genuoc ezzen,* 91, 15 *dû meinest alsô, daz sie balde von dem tische gâhen,* 91, 16, 17. In der Bedeutung 'einem Worte einen Sinn unterlegen' hat es den Ind.: 160, 29 *Unser herre meinet ez alsô, daz dû*

unberhaft bist an allen den werken, diu gote wol gevallent,
den Konj. aber, wenn die Meinung falsch ist: 160, 28 *wœ-*
nent — — ez meine got alsô, daz sie niht berhaft sin der
kinde. In der Bedeutung von 'glauben' steht es negiert
mit dem Konj.: II 8, 14, 15.

In sinen muot nemen hat den Ind., wenn es im Imperativ
steht: 54, 31 *nim in dinen muot daz diu sünde vil bezzer*
ist ze lâzen danne ze büezenne.

zwiveln und *zwivel hân* stehen meist verneint mit un-
verbundenem Konj.: 165, 29 *ir sult dar an deheinen zwivel*
hân, ez si der almehtige got din friunt, 166, 18. II 41, 3, 6.
II 226, 17. Der Ind. steht: II 98, 17 *Wan dû endarft des*
rehte keinen zwivel haben, sie koment dâ gên dir, die dich
verdamnen sullen.

daz und der Konj.: II 117, 14 *Swenne man zwivel*
hete, daz ein mensche ûzsetzic wære. Der Ind. steht, wo
eine Thatsache erwähnt wird: II 41, 5 *soltû — — keinen*
zwivel dar an haben, daz diner sêle niemer rât wirt.

gedinge hân hat *daz* und den Konj.: 166, 3 *sô solt dû*
gedinge hân, daz ez wâr si, 166, 27 *sô dürfet ir dehein ge-*
dinge hân, daz iuch got iemer angesehe (über euch erbarme).
Die übrigen Konjunktivsätze nach diesem Ausdruck werden
unter Absichtssätzen II. besprochen.

sicher sin hat den Konj., wenn der Hauptsatz kondi-
tional ist: 410, 5. II 178, 35; Ind. im Haupts.: II 152, 31
von den ich es sicher bin, daz sie niemanne dienen noch liep
sin, wan dem almehtigen gote. Wo das Ereignis in die
Zukunft fällt, steht der Konj.: 201, 37 *und ist sicher an im, daz*
er im danne niemer mêre werde benomen; und ebenso nach

sicherheit hân: 22, 14 *Die heiligen haben ez dar an wæ-*
ger, daz sie sicherheit habent, daz sie daz himelrîche niht
verliesen.

gewis sin steht mit dem Ind., um objektive Gewissheit
auszudrücken: 234, 25 *als man gewis ist, daz morgen ein*
ander tac kumet, 234, 26.

trahten — 'worauf denken' und

sich abe tuon — 'sich (einer Meinung) entsagen' oder 'nicht meinen' kommen mit dem Konj. vor: 569, 5 *daz dû allez trahtest ûf den nœhsten, wie vil der sünde ûf im habe,* 76, 13 *des tuo sich alliu diu werlt abe, daz diu zwei iemer gescheiden werden,* 518, 23, 28. II 150, 5 *Des tuo sich rehte alliu diu werlt abe* (— man bilde sich nicht ein), *daz niemer kein meister zin und kupfer von einander bringe.*

Verben der Gemütsbewegung.

vürhten, vorhte hân und *in vorhten sîn.* Der Gedanke des Subjekts geht meist über etwas in die Zukunft verlegtes Ungewisses hinaus, das deshalb fast regelmässig in den Konj. tritt. Wo der Objektssatz ohne Konjunktion lose angefügt wird, steht der Ind.: 472, 25 *ich fürhte aber sêre, — —, mir unde gote geschiht rehte als der den wingarten dâ liset,* und der Konj.: 367, 14. II 86, 15 *Und swenne ir vorhte habet, ez sterbe ein kint,* 108, 35 und 127, 28.

Daz mit dem Konj. Præs. steht: 201, 29, 30 *sô fürhtent sie in gar harte, swenne der sünder in die kirchen gêt, daz im diu gnâde unsers herren widervar unde daz er sich bekêre,* 201, 32. 513, 25 *Jâ sult ir alle zit in grôzen vorhten sîn — — —, daz iu got günne ze leben, unz ir die sünde gebüezet,* 567, 8. II 105, 21, 22. 110, 31. 128, 27, 28, 29. Ebenso nach einem Præt.: II 105, 29. *Vor des sô vorhte er allez, der tiuvel, daz er bekêret werde* [1]). Der Konj. Præt. steht: 237, 31. 456, 17 *man vorhte daz sich die liute dar an übersœhen.* Wo sonst *daz* und der Konj. stehen, ist ent-

---

[1]) Hier soll auch auf einige andere Stellen hingewiesen werden, wo die im Nhd. so gewöhnliche Tempusfolge, Konj. Præs. nach einem Præt., in der indirekten Rede bei Berthold vorhanden ist: 9, 25 (bei sagen). 251, 18 (nach swern). 288, 35 (nach sprechen, wo jedoch æ für e stehen kann, vgl. S. 2). II 55, 27 (bei erzeigen). Bei Wolfram finde ich kein ähnliches Beispiel (vgl. Göhl's Tabellen 4—12). Vgl. Erdmann O. § 55, Grdz. § 204.

weder der Nebensatz von einem konditionalen Satze be-
stimmt, wie 40, 8 *wann er fürhtet sich — —: ob er ein
Wort vertrüege — —, daz man danne spræche,* 40, 18. 94, 17.
323, 5 *ich fürhte, daz mir unser frouwe niemer holt werde,
ob ich ez sage,* 355, 11. 416, 1. 557, 27, oder der über-
geordnete Satz ist selbst bedingt, wie 306, 31 *Irret dich eht
ander sünde niht, sô solt dû niht — vorhte — haben, daz
dû gote deste unmærer sist,* 557, 9, oder bedingend, wie
352, 2 *wan ob dû es vorhte habest daz er die bihte sage, oder
daz er sô wol niht gelêret si.* II 242, 15, 16 kommt *fürhten*
mit *swâ* vor: *und dannoch des libes fürhten, swâ* (dass ir-
gendwo) *man in slâhe oder vâhe.*　●

sorge hân, sorgen mit *daz* und dem Konj.: 112, 8 *Sô
habet ir dar umbe kleine sorge, daz eht man iu die kirchen
lihe,* 303, 34; mit *wenne:* II 115, 15 *muoz sorgen, wenne
man im lip und guot neme.*

wunder nimt, wundert, verwundert stehen mit indirektem
Fragesatze im Konj. Der Substantivsatz ist dann ein Gegen-
stand der Wissbegierde des Subjekts: 174, 8, 9 *sô mac
mich des iemer verwundern, waz den liuten sô wol si dâ
mite unde wie wol in dâ mite si,* 175, 30. 177, 14. 354, 29.

daz und der Ind. stehen: 454, 19 *sô nimt mich iemer
wunder, daz dich diu erde niht verslindet,* 80, 19. 163, 6 (7).
267, 2. II 152, 19, 20, 22.

verruochen, enruochen, = 'sich nicht kümmern'; Fragesatz
im Konj. steht: 86, 32, 33 *daz er niht enruochet, wer dâ von
stürbe oder siech würde, daz eht im ein kleiner gewin werde,*
im Ind.: II 46, 14. 119, 22.

daz und der Konj.: 205, 3 *unde verruochent daz sie
sich erwegen.*

ahten mit *daz* und dem Konj.: II 271, 4 *aber daz wir
uns selbe versmæhen und uns unmære si, swer uns versmæhet,
des ahten wir niht.* Ich fasse die Stelle so auf: Wir küm-
mern uns nicht darum, dass wir uns demütigen oder un-
würdig fühlen, wenn einer uns geringschätzt.

ist leit mit *daz* uud konjunktivischem Nebensatze findet
sich: 75, 32 *wære mir vil leit, daz dú iemer deheinen zwivel
gewünnest*, wo man den letzten Satz auch als konditional
auffassen kann; ferner: 360, 9. II 41, 7 *Dá soltú niht an
zwiveln, mir werde halt wil leit daz dú des iemer keinen
zwivel gewünnest.* Der Ind. steht: 573, 33.

ist übel ze muote: 175, 12 *sô dú ie mér hást, sô dir ie
wirs unde wirs ze muote wirt, wie dú ez behaltest* (vgl. S. 2).

wirt wê mit dem Ind.: 203, 11. II 254, 10 *Got wil sie
darumbe martern —, daz in wê wart, daz sie ez ie getâten.*

betrâget (— langweilt) mit dem Konj.: 102, 7 *Sô betrâ-
get den, daz er ein pater noster spreche.*

clagen hat *daz* und den Konj.: II 6, 7 *und clagent clege-
liche, daz sie mir niht gevolget haben*, den Ind. dagegen:
II 169, 30 *dô klagte er dise nôt, daz sin vinde teilende werdent.*

trôst haben im Imperativ mit konjunktivischem Neben-
satze: 188, 34 *Des habe rehte deheinen trôst, daz dú dich
iemer verbergest.*

angest hân *daz* mit dem Konj.: 306, 16.

weinen *daz* mit dem Ind.: II 169, 26, 31.

für guot nemen im Konj. mit dem Konj.: 16, 7 *Sô
næme ich für guot, daz der sinem amte rehte tæte*, 450, 8.

sich schamen und **sich verschamen** mit *daz* und dem Ind.:
283, 20 *sô müget ir iuch des wol schamen, daz iuch dirre
getoufte kristenmensche überschalket — hát*, 323, 3. 525, 31 *sô
verschament sich eteliche niht daz sie in die lachen vallent.*

erbarmen steht mit *daz* und dem Ind.: 149, 37 *spri-
chest dú sô manige lügen, daz ez got erbarmen müeze, daz
der lügen — — sô vil ist;* mit *wie* und dem Ind.: 262, 17.

sich freuwen mit *daz* und dem Ind.: II 106, 23 *sô freu-
went sich die engele —- — daz got sô frô ist*, und ebenso
des frô sin II 124, 24 *und ist des frô, daz er vil ge-
sindes hât.*

Im Folgenden wollen wir zunächst einen Überblick über das Verhältnis zwischen den beiden Modis nach den Verben des Wahrnehmens etc., des Glaubens etc. und der Gemütsbewegung geben und dann den Einfluss zu beobachten versuchen, den ein Konjunktiv, ein Imperativ, ein *suln*, ein Bedingungssatz oder eine Negation des übergeordneten Satzes auf die Modalität der betreffenden Sätze ausüben kann.

Nach den Verben des Wahrnehmens etc. enthält der Objektssatz am häufigsten thatsächliche Ereignisse, die vom Subjekte sinnlich oder geistig aufgenommen werden. Der Ind. ist deshalb der gebräuchlichste Modus. Das Zahlenverhältnis zwischen den beiden Modis ist 197: 122, und doch habe ich die Indikative nach *sehen* und *wizzen* bei weitem nicht vollständig excerpiert. Von den einzelnen zu dieser Gruppe gehörigen Verben weisen *sehen, war nemen, hœren, wizzen, lesen* jedes für sich noch einmal so viele Indikative als Konjunktive auf, während nach *merken, erkennen, vinden* die beiden Modi etwa gleichstark da stehen, und wiederum nach *bekennen, enpfinden* der Ind., nach *besehen, verstên* und *innen werden* der Konj. überwiegt.

Wenn der Konj. in den Inhaltssätzen nach Verben des Wahrnehmens etc. steht, ist es seine Funktion, den Inhalt des Satzes als in der wünschenden Tendenz oder der allgemeinen Ungewissheit des ganzen Ausdruckes teilnehmend hervortreten zu lassen. Im Gegensatz zu den Verben des Mitteilens, Fragens und Glaubens können nämlich Verben wie *sehen* und *wizzen* ein der Wirklichkeit widersprechendes Objekt nicht gut vertragen, wenn sie nicht selbst erst durch Negation, aufgestellte Bedingungen und andere Umstände mehr oder weniger aus der Realität gerückt worden sind. Die vorkommenden Beispiele des Konj. finden deshalb grösstenteils S. 84—89 ihre Besprechung.

Zunächst führe ich die wenigen Fälle an, wo der Konj. nach einem positiven, indikativischen Hauptsatze auftritt, der ein Verb des Wahrnehmens etc. enthält: II 24, 4 *und dô der herre sach, daz er sô wol gewunnen hæte,* I 158, 20 *und alsô siht ein wise man wol an den liuten, weder sie tugenthaft sin oder niht,* 351, 25 *ich hân gehôrt daz eteliche pfaffen die bihte sagen ir wîben,* 572, 21 *dô der bischof daz hôrte, daz er vil unrehtes guotes hæte,* 105, 12, 13 *dô er sich erkante her Davit, daz er sich überhaben hæte gein gote.* Das erste und die zwei letzten Beispiele zeigen die Konjunktivform *hæte,* die vom Herausgeber herrührt, denn an allen drei Stellen haben die Hdschr. die Formen *het* oder *hette,* die von denen des Ind. formell nicht geschieden sind. Vielleicht wäre es darum besser, in Analogie mit den in solchen Sätzen zahlreichen Indikativen (vgl. *sehen, hœren* und *erkennen*) diesen Modus einzusetzen. Im zweiten Beispiele (158, 20) kann der Konj. eine durch die Disjunktion erzeugte Ungewissheit bezeichnen oder vielleicht denselben Dienst leisten, wie ein hinzugefügtes »nach seiner Ansicht«. Denn es giebt drei derartige Beispiele mit dem Ind.: 158, 17 *ein wiser man siht an einem boume wol, ob er guot obez treit oder niht,* 158, 22 *daz siht ein wiser man gar wol, ob du reine fruht in dinem herzen treist,* 509, 27 *er siht, ob dú genislich bist oder niht.* Im dritten Beispiele (351, 25) verrät der Konj., dass nicht von unmittelbarem Hören, sondern vom Erfahren durch andere die Rede ist.

Einen lehrreichen Moduswechsel in zwei koordinierten Fragesätzen nach *lesen* weist 194, 2, 3 auf: *Wan dâ liset man griuliche, wie jæmerlich der selbe tac werde des jungesten gerihtes, unde wie der almehtige got sprichet.* Das erste Ereignis wird als bevorstehend gedacht und deswegen als ungewiss in den Konj. gesetzt. Das andere steht im Ind., weil an die in der Bibel schon vorliegende Rede Gottes gedacht wird.

6

Den Konj. wendet B., wie wir auch unten sehen werden, in den Sätzen nach Verben des Wahrnehmens nicht gern an. Selbst nach Negationen und Fragen finden sich nur ganz ausnahmsweise solche konjunktivische Sätze, wie sie Luther hat, z. B. (Neudrucke N:o 50, S. 26) 'wie weis er gewis, das er sie im glauben spreche', und Emser (Neudr. 83 u. 84, S. 112): 'das ich schier nicht weis ob Luter ein got, ein mensch oder der teuffel selber sey', und noch weniger findet man solche, wie sie das Nhd. aufweisen kann (Luise Pichler, der Überfall im Odenwald, Norstedt & Söners Skolbibliotek S. 43, 28 und 46, 6): 'Beim ersten Blicke — — — wusste Klaus, dass er vor Kaiser Friedrich, dem Rotbart, stehe'. 'Der Gefangene wusste von dem Tag an, — — —, dass Freunde ihm nahe seien.'

Die geringe Zahl der Indikative nach den Verben des Glaubens etc. und der Gemütsbewegung erklärt sich wohl daraus, dass diese Verben ihrer Bedeutung nach eine subjektive Auffassung leicht zulassen und somit nicht gern das Geglaubte oder Gefühlte als ein selbständiges, thatsächliches Ereignis erscheinen lassen. Wo jedoch der Inhalt des Nebensatzes als eine Thatsache hervorgehoben werden soll, setzt Berthold den Ind. Neben dem Konj. erscheint also der Ind. nach *gelouben, dunken, gedenken, meinen, zwîveln; wundern, clagen, enruochen*, während nach *getrûwen; dâ für hân, wænen* (drei unverbundene Indikative nach *wænen* ausgenommen) *fürhten* (bis auf einen unverb. Ind.) und *sorge hân* ausschliesslich der Konj. steht. Einmal scheint der Ind. jedoch besagtem Zwecke nicht vollständig Genüge zu leisten; Berthold betont nämlich dort die Wirklichkeit ausserdem durch einen besonderen Ausdruck.: II 83, 32 *und geloubet er halt gar wol von zwein erzenîen — —, daz sie die kraft habent, die ouch dar an ist.*

Zwei für den Modusgebrauch in diesen Sätzen lehrreiche Beispiele sind:

II 83, 26 *swer des niht ge-*
loubet, daz ieglichiu die kraft
hât.

II 84, 1 *Ob ein mensche*
niht gelouben wil, daz ein stein
oder ein wurz die kraft niht
habe, als ein arzât giht.

Im ersteren kommt die dem Redenden stark vergegenwärtigte Realität durch den Ind. zum Vorschein, weil von den Heilsmitteln, den sieben Sakramenten, die Rede ist, deren Kraft dem Prediger über allen Zweifel erhaben ist. Da es sich aber in letzterem Beispiele nur um die Heilmittel des Körpers handelt, lässt er durch Verwendung des Konjunktivs den Inhalt des Nebensatzes auf Rechnung des Subjekts stehen, ohne sich an der Frage augenblicklich zu beteiligen. Berthold's Stellung zur Sache kann vielleicht auch in diesem Falle eine andere als in jenem sein, denn er setzt 84, 2 fort: *swie doch wurz und stein vil krefte haben* (haben mögen).

Nach den Verben des Glaubens etc. und der Gemütsbewegung verhält sich die Zahl der Konjunktive zu der der Indikative wie 3: 1. Von sämtlichen 119 Konjunktiven nach den Verben des Glaubens etc. drücken 76 eine falsche Vermutung aus. Die Mehrzahl derselben finden sich nach *wænen*, einzelne auch nach *gelouben, gedenken, sich abe tuon* u. s. w. Die Nebensätze nach *meinen, gedinge hân, sicher sin* und *sicherheit hân* berühren bisweilen die Absichtssätze. Der Grund des Konj. nach den Verben der Gemütsbewegung kann bisweilen auch darin liegen, dass der Gegenstand des Affekts in eine unsichere Zukunft fällt, so besonders nach *fürhten, sorge hân*. Nach *wunder nimt* scheint der Modus sich nach der Art der Verbindung zu richten; im Dasssatze steht der Ind., weil der Grund der Verwunderung als Thatsache hingestellt wird, im Fragesatze erscheint der Konj., weil der Inhalt des Nebensatzes als Gegenstand der Neugierde und des Forschens von seiten des Subjekts hervortritt. Ein schönes Beispiel dieses Moduswechsels in zwei verbundenen Sätzen haben wir:

354, 29, 30 *Wan dâ von sol iuch — — — niht wunder ne-*
men, wannen von éin priester mé buoze gebe dan der ander,
unde daz man einem mér buoze git danne dem andern.

Wenn der Hauptsatz einen Wunsch enthält, was nach
den Verben des Wahrnehmens etc. oft vorkommen kann, so
wird gewöhnlich auch der Objektssatz in den Konj. gesetzt;
der Konj. Præt steht: II 246, 14 *Ir westet alle gerne wie*
verre ze dem himelriche wære, I 182, 25. 183, 5, 7. 251, 39.
472, 3. II 20, 2. 152, 37. 203, 8; der Konj. Præs.: 519, 12.

Ein Objektssatz schliesst sich zuweilen einem finalen
Satze an, und hat dann auch den Konj.: II 187 38 *daz*
man sehe, daz sie veile sî Die Moduskongruenz ist vielleicht
hier (ebenso wie I 184, 19. 260, 14. 439, 21, 37. 541, 22)
eine mehr formelle Angleichung, da der Objektssatz eine
vorliegende Thatsache bezeichnet. Der Ind. steht: 141, 29
daz ir deste baz erkennet, wie herzeclîchen liep — got uns
gehabet hât, II 174, 6 *niur daz er gesæhe, welh wunder und*
wunder dâ ist.

Das Hauptverb ist bisweilen selbst ein Konj. der in-
direkten Rede, der etwas Falsches ausdrückt und somit
auch den Konj. in dem von ihm abhängigen Satze verlangt,
wie 160, 28 *wænent —, es meine got alsô, daz sie niht ber-*
haft sîn der kinde, 546, 9. II 18, 9.

Der Grund des Konj. nach imperativischem Haupt-
satze soll (Erdmann Grdz. § 196) darin liegen, »dass das
Befohlene erst ausgeführt werden soll, und daher auch alle
Nebenumstände erst im Augenblicke der Ausführung sich
als wirklich vorhanden erweisen können, jetzt im Augen-
blicke der Rede aber nur als möglicherweise, eventuell
vorhanden vorgestellt werden». Was nun diese Nebensätze
nach den Verben des Wahrnehmens etc. und Glaubens etc.
bei Berthold betrifft, so steht in der grossen Mehrzahl der
Fälle der Ind. Wo der Konj. erscheint, steht er am häufig-
sten, um den Inhalt des Nebensatzes in den Vorstellungs-
kreis des angeredeten Subjekts zu verlegen: 189, 14 *Nů*

sich, wie vil des liehtes si, wo *sich* dasselbe ist als 'stelle dir vor'. An andern Stellen entspricht *seht* einem 'heget die Überzeugung', 'denket darüber nach' u. s. w., und der Konj. bezeichnet gerade den subjektiven Anteil, den der Angeredete an dem Vorgang nimmt: 9, 2. 47, 5. 66, 22. 80, 3. 81, 36. 125, 36. 127, 36. 221, 2. 235, 14. 413, 17. 492, 1. 523, 26. 568, 15, 38. II 2, 20, 27. 98, 31. 194, 24. 216, 13. Das Hauptverb kommt oft einem Verb des Erforschens gleich. Gewöhnlich ist es auch hier das Verb *sehen,* dem man dann die Bedentung von 'achtgeben', 'zusehen' beilegen kann. Der Nebensatz enthält dasjenige, was das Subjekt zu entscheiden oder zu ermitteln hat, und hat deshalb den Konj.: 228, 24 *Nu seht, ir verwerinne, wederz iu wœger si,* 260, 18 *sô sehet umbe, wâ ein mörtlich wâpen gemâlet si,* 258, 31. 323, 32. 495, 10. 501, 32. 513, 37. 572, 35. II 3, 11. 34, 26. 219, 8. 227, 18. Der Nebensatz nach einem Imperativ kann auch ein nach B's Ansicht der Wirklichkeit widersprechendes Ereignis enthalten: II 72, 1 *Nû seht, wer der si, der disen mordern — — — entrinnen müge,* I 4, 16. 82, 5. 188, 34, oder etwas bloss Angenommenes: 127, 21 *Nû wie grôz diu martel wære, daz sich unde merkez,* 234, 39, oder ein sich erst in der Zukunft verwirklichendes Ereignis darstellen: 149, 7, 8 *Nû sich, wie vil der sünden werde ê ein jâr ûz gê, unde wie vil ir danne werden ê danne zehen jâr ûz gên,* 204, 35. Die konjunktivischen Sätze werden oft von *ob* eingeleitet, die indikativischen nie. Um Thatsachen zu bezeichnen, setzt Berthold den Ind., deswegen immer wenn er auf göttliche Handlungen die Aufmerksamkeit lenkt. Über den Ind. nach einem Imperativ, vgl. S. 64 f.

Die logischen Verhältnisse, die durch die verschiedenen Modi ihren Ausdruck finden, waren dem Sprachgefühl Berthold's im allgemeinen mehr als demjenigen moderner Schriftsteller gegenwärtig. Ein leichter Zusatz von Möglichkeit kann in sonst ganz gleichen Fällen bei

ihm verschiedenen Modus bewirken, so 130, 19 *Nú seht, ir*
hêrschaft, wie schedelich diu sünde ist und II, 2, 20 *Nú sich*
armer sünder, wie schedelich dir die sünde sin.

Durch Erdmann's Darstellung über den Konj. der indi-
rekten Rede nach einem imperativischen Hauptsatze (Grdz.
§ 196 S. 166) könnte man die Vorstellung bekommen, als
ob der Konj. der regelmässige Modus dieser Sätze wäre.
Es heisst nämlich, dass der Konj. besonders häufig sei,
mit der späteren Einschränkung: »Jedoch sind auch Bei-
spiele des Indikativs für alle Fälle schon mhd. zu finden»
Diese Regel lässt sich nun dahin ergänzen, dass bei Ber-
thold und Wolfram (vgl. Göhl's Tabellen 4—7) der Ind. der
gebräuchlichste Modus dieser Sätze ist.

Nach *suln* und anderen Wörtern, die ein Geschehen-
sollen ausdrücken, steht im Mhd. (Gr. § 358) gewöhnlich
der Konj. Berthold hat jedoch öfter den Ind., wenn *suln*
mit einem Verb des Wahrnehmens etc. verbunden wird.
Die Verben des Glaubens etc. und der Gemütsbewegung
zeigen ohnehin die Neigung, einen konjunktivischen Neben-
satz folgen zu lassen. Ausser den unter *sehen, wizzen* und
merken schon aufgestellten Beispielen beider Modi vergleiche
man noch:

13, 24 *unde suln gedenken,* | II 235, 15 *Du solt daz rehte*
wie manigerleie gnâde er an | *gelouben, daz ez alsô sî.*
uns begangen — — — hât.

II 118, 33 *sult ir ouch gar* | II 117, 34 *ir sult gar wol*
wol merken, ob sie an dem | *wizzen, ob der mensche üzset-*
barte üzsetzic sint. | *zic sî.*

372, 11 *sult ir alle wunder* | II 244, 23 *sült ir gar eben*
und über wunder merken, waz | *merken, waz edelheit und tu-*
êren und freuden dâ ze himel | *gent si haben* [1]).
ist.

Eine im Satze vorkommende Bedingnng übt einen ge-
wissen Einfluss auf den Modus der mit ihr in Zusammen-

---

[1]) D: *si hat.*

hang tretenden Glieder des Satzgefüges aus. Am besten erkennt man ihre Wirkung, wenn das Hauptverb nachweislich sonst den Ind. vorzieht, wie nach *sehen* und *wizzen* der Fall ist. Der Bedingungssatz kann nun verschiedene Stellungen einnehmen. Der übergeordnete Satz des Objektssatzes ist bedingend; dieser hat den Konj. Præt.: 285, 33 *unde dú westest wol wâ er wœre*, 273, 25. II 53. 2, 117, 14; 178, 35, den Konj. Præs.: 104: 20 *swenne ez im gedenke wie ez ein hôhvart vollebrâht habe*, 298, 4. 299, 20. 352, 2. II 84, 1. Nach *wizzen* und *sehen* rückt sich der Objektssatz in diesem Falle einigemal von dem konditionalen Zusammenhang los und zeigt den Ind.: II 166, 17 *unde westet ir wie liep' er iuch hât* [1]), I 8, 31. 24, 31. 317, 23, 25. II 252, 10, — Der übergeordnete Satz ist bedingt: 234, 18 *der mir iezuo zehen marke silbers gœbe! daz wiste ich waz daz wœre*, 251, 34. 403, 33. 410, 5. II 7, 16, 255, 3. In folgenden zwei Beispielen bewirken Negation und Bedingung im Verein den Konj.: 4, 10 *wir möhten niht wizzen waz got wœre, würde ez uns niht kunt getân*, 4, 12. — Der Objektssatz kann auch selbst bedingt werden. Das kommt bei *fürhten* vor; der Konj. Præt.: 40, 8 *wan er fürhtet sich — — ob er eim ein wort vertrüege — — —, daz man danne sprœche* 40, 18. 94, 17. 557, 27; der Konj. Præs.: 323, 5. — Die Bedingung ist bisweilen nur im Gedanken des Subjekts vorhanden, wie 237, 31 *wan sie vorhten, daz der heiligen kristenheit ze vil zuo dem himelriche wœren komen*, ebenso mit dem Konj. Præt.: II 3, 13. 126, 37. 142, 5. — Ein Subjektssatz kann die Funktion eines Bedingungssatzes übernehmen und hat deshalb den Konj. Præt.:

---

[1]) Vgl. die heutige Volkssprache (Flieg. Blätt. kalender 1896, S. 95), 'Vor der Thüre des Zahnarztes': "Wann i 'g'wiss wiss'n thät', dass der Herr Dokta nöt z'Haus is, thät' i' anläut'n!"

Ein auffallendes nhd. Beispiel der Moduskongruenz giebt R. Hildebrand an (Gesammelte Aufsätze etc. S. 229): "Wenn du wüsstest wie lieb ich dich hätte".

75, 32 *daz wære mir leit, daz du iemer deheinen zwivel ge-
wünnest,* II 41, 7.

Die Negierung eines übergeordneten Verbs des Wahr-
nehmens etc., des Glaubens etc. und der Gemütsbewegung
kann auf den Modus des Substantivsatzes einwirken. Nach
niht wizzen mit Interrogativum steht jedoch nur ausnahms-
weise der Konj. im Nebensatze (II 188, 18. 203, 18), wäh-
rend der Ind. sehr stark vertreten ist. Vgl. *wizzen* S.
68—69. Auch ein in die Zukunft fallendes Ereignis
wird von Berthold trotz des durch Negation ausgebil-
deten und mithin Ungewissheit bezeichnenden Haupt-
verbs meist in den Ind. gesetzt, so 44, 28 *dû enweist, welichiu
nôt dich wirt ane gên,* 90, 3 *sit ir niht enwizzet, wanne
iu got iuwer leben abbrichet,* 310, 26 *Dû enweist niht wes dir
nôt beschiht,* 230, 36. II 223, 15 und öfters. — Wolfram, bei
dem der Ind. nach *niht wizzen* auch überwiegt, hat jedoch
den Konj. nicht nur in diesem Falle, vgl. Parzival 126, 17.
332, 15, sondern auch, um über ein gleichzeitiges oder ver-
gangenes Ereignis Ungewissheit auszudrücken, vgl. Wille-
halm 294, 22, Parz. 167, 1. — An zwei Stellen findet sich
bei Berthold in koordinierten Nebensätzen ein Moduswech-
sel, der sich den auszudrückenden Gedanken vortrefflich
anpasst: 230, 38, 39 (wo es sich um den gefahrvollen Dienst
eines Schildknechts handelt) *daz er eht niht enweiz, wâ die
liute ûf im sin, unde wenne er daz leben hât, unde wenne er
— — stirbet.* Im ersten Nebensatze steht ein in der Zu-
kunft eventuell eintretendes Ereignis, im zweiten ist Gleich-
zeitigkeit vorhanden, im dritten haben wir ein zukünftiges,
jedenfalls sicheres Eintreten des Ereignisses. Die zweite
Stelle ist 374, 7, 8 *nû sin wir tumbe liute — — daz wirz
niht gewizzen mügen, war zuo ieglichez guot si, war zuo der
flôch guot ist unde war zuo diu krote guot ist.* Zu beiden
Stellen passt Erdmanns Bemerkung über ein paar mit die-
sen vergleichbare Beispiele aus Otfrid (O. §§ 137, 138) —
Nach *niht enpfinden, niht erkennen* steht nur der Ind. zur

Bezeichnung von Thatsachen und einmal, wo sich eine Ver-
gleichung mit dem eben citierten Beispiele empfiehlt: 374, 12
*Nû sin wir leider als tôreht, daz wir sin niht erkennen mü-
gen, war zuo ieglichez guot ist.* — Bei negiertem *lesen* und
dunken steht der Konj. mit der Ausnahme von zwei Fällen:
60, 5, 6. 79, 7, wo doch die Formen *hete* und *wurde*
nicht als ganz sichere Indikative bestimmt werden kön-
nen. Wenn positiv, haben beide Verben den Ind. — Nach
meinen, getrüwen, trüwen, hæren und *vinden* mit Nega-
tion steht nur der Konj. Negiertes *zwiveln* weist beide
Modi auf. *Enruochen* hat den Ind.: II 46, 14 *ein bœser
enruochet waz siechtuomes er hat,* den Konj.: 86, 32 wo doch
der Inhalt auch ohne die Negation ungewiss wäre. *Niht
verstên* — 'nicht begreifen' hat den Ind.: II 169, 33 *wir
verstên noch niht, daz der tiuvel teiler wirt und wie er tei-.
lende wirt,* und im Sinne von 'nicht meinen' den Konj.:
II 50, 35 *Alsô sult irz niht verstên, daz got ieman sin genâde
versage.*

Sonstige Substantivsätze.

Hier werden einige von *daz* und Interrogativen ein-
geleitete Substantivsätze aufgeführt, die in den vorigen
Gruppen der konjunktivischen Nebensätze keinen Platz
gefunden haben, oder sich jedenfalls zu einer besonderen
Darstellung besser eigneten. Zunächst besprechen wir die
Subjektssätze des unpersönlichen *ist,* 1) die einen Konditio-
nalsatz umschreiben, 2) die einen selbständigen Jussiv
haben, 3) die sich dem Satze *daz daz wâr si* anschliessen;
dann 4) die Subjektssätze verschiedener unpersönlichen Re-
densarten, die Ungewissheit oder Verneinung bezeichnen.
Ferner kommen die (gewöhnlich einen Genitiv vertreten-
den) Substantivsätze in Betracht, die ein Substantiv des
übergeordneten Satzes bestimmen, und schliesslich die Ob-
jektsätze der Verben *vertragen, liden, vergeben, hân* und
bevelhen.

Subjektssätze, die sich einem unpersönlichen Ausdruck anschliessen, stehen in der häufig vorkommenden Umschreibung eines Konditionalsatzes: *ist daz.* Nur ausnahmsweise steht der Konjunktiv. So: 256, 31 *Und ist daz sich eteliche dâ vor behüeten, sô hânt sie doch die vergift dar geboten,* 306, 16 *Ist eht daz sie ez ze rehte tuon — — —, sô ist ez niht sünde.* Erscheint aber das Verb *sin* selbst im Konj., so hat der Subjektssatz auch diesen Modus: 75, 4 *Si aber daz ez geschehe, sô tuot in deste gnædeclicher,* 319, 12 *si, daz dû ê sterbest danne sie,* II 139, 1 *si — — —, daz er sie in dem vierden vâhe.* Sonst ist der Indikativ hier der gewöhnliche Modus, wie 133, 23 *ist ez, daz sie niwan einige sünde geluont — — —, sô hâst dû als grôze schulde,* und ferner z. B. 286, 33. 290, 28. 303, 34. 314, 23. 317, 11, 12. 321, 13. 383, 10. 421, 34. 509, 38. 510, 1.

An einigen Stellen zeigen die Subjektssätze einen selbständigen Jussiv: 376, 28, 30 *Ez sint zwei gar guote dinc. Daz ein, daz man den magettuom behalte reine — — oder daz man kint gebære unserm herre ze lobe.* In dem Adjektiv *guot* des Hauptsatzes liegt jedoch schon, dass das Subjekt etwas Wünschenswertes enthält; ferner II 266, 5 *Daz erste ist daz der mensche versmæhe gar die werlt,* 269, 22 *Daz dritte daz der mensche ein lûter herze habe,* 272, 26, 27. 273, 22.

Der Subjektssatz des häufig wiederkehrenden *daz daz wâr sî* zeigt bald den Ind., bald den Konj.

37, 16, 17 *Unde daz daz wâr sî, daz in gar lützel liute entrinnent den tiuveln, — — —, daz hât uns got erzöuget.*

463, 3, 4 *Unde daz daz wâr sî, daz sich der werlte als vil ervellet in die stricke der jagenden unde daz sie ir als vil füerent gein der*

7, 39 *Unde daz ez ir alsô nütze unde guot sî, daz daz wâr sî, daz hât uns got selbe erziuget.*

109, 16 *daz daz wâr sî, daz gote tugent liep sî, daz besiht man.*

519, 3 *Unde daz daz wâr sî, daz dû der sünder einer sîst ...*

helle, daz hât uns got er- |
gôuget. |

166, 4 *sô solt dû gedinge* |
hân, daz ez wâr sî, daz dû |
in den himel geschriben bist. |

Wo der Konj. steht, scheint er durch eine bloss formelle Moduskongruenz hervorgerufen zu sein. Der Ind. wird gesetzt, wenn unter den Vorstellungen des Redenden sich das Thatsächliche besonders in den Vordergrund drängt. Der Subjektssatz zu *ez ist wâr* hat immer den Ind., z. B. 24, 20. 209, 27. 415, 21. 451, 36.

Nach *ez was site,* das in Iwein 5429 mit dem Konj. steht, hat Berthold nur den Ind.: 451, 20 *wan ez was etewenne site daz man in ûf dem velde verbrante,* 499, 22 *Und in der alten ê dô was der site daz man fünfzehen leie opfer brâhte;* ebenso nach *site hân* mit Objektssatz: 43, 6 *Unde dâ von hât man des site — — —, daz man an eine tafeln sleht, sô komet alle die in dem klôster sint.* Nach den meisten unpersönlichen Ausdrücken steht auch sonst der Ind., wenn sie in positivem, indikativischem Satze stehen. Ich verzeichne beispielshalber: 126, 30 *Daz ist der schade, daz sie gotes antlütze niemer mêr beschouwent,* 271, 32 *sô ist din ander verdampnisse, daz dû diner sünde niemer sat wirdest* (und mehrere noch an derselben Seite), 287, 35 *Der fünfte (pfenninc) ist, daz uns ganzer gewalt in dem himelriche geben wird,* 363, 6 *Daz ein (dinc ist), daz sie (die jüden) geziuge sint.*

Eine ziemlich zahlreiche Gruppe bilden die Konjunktivsätze, deren Hauptsätze einen in Bezug auf ihr Subjekt (den Subjektssatz) Ungewissheit oder Verneinung enthaltenden Ausdruck haben. Derartige Audrücke finden sich: 383, 14 *ez ist alse mislich* (= ungewiss) *daz ez iemer geschehe,* 383, 18, 20 *als mislich daz wœre daz er den vogel mit dem êrsten schuzze treffe, als mislich ist ez — —, daz der mensche — sô getânen riuwen gewinne;* man vergleiche hier den Ind.: II 115, 2 *ez ist ungewerlich* (= unsicher, oder hier vielmehr unglaublich), *die ungerne lernent oder herten sin habent, daz sie niht wol lernent.* 397, 28 *Als unbillich daz wære, daz ein wazzer wider berc flüzze,* II 17, 35 *Darumbe ist ez ein rehter ungeloube daz man iemanne urteile ze keiner zit,* II 22, 23 *Ez geschiht aber selten oder nimmer, daz kein spætiu riuwe — — — zuo der sèle heile immer kom;* der Ind. steht aber nach positivem Satze mit *ez geschiht* oder *ez kumt* (= es geschieht): 213, 18 *Und also geschiht ez, daz noch rætet ein ungetriuwer balrât,* 369, 6 *des geschiht in gar vil daz sie unrehten tôt nement,* II 254, 4 *daz geschiht gar ofte daz dù ez mit sô getânem ungelücke verliusest,* I 400, 32 *Unde kumet etewenne, daz der mâne des sunnen schîn undergêt.* Ist der Hauptsatz eine zweifelnde Frage, so tritt wieder der Konj. auf: 209, 25 *wie möhte daz iemer geschehen, daz als manig — — verlorn werden umb ein als kleinez guot,* und ebenso 209, 34. Der Konj. findet sich ferner: 302, 23 *sô nimt die ketzer wunder, wie daz gesin müge, daz got gewandelt werde in ein brôt* und II 88, 13 *sô sprichet diser unsælige ketzer, wie daz gesin müge, daz wazzer und win von worten verwandelt werde in fleisch und in bluot;* dagegen steht nach demselben Ausdrucke der Ind.: 53, 3 *swer ze vaste in den heiligen kristenglouben siht, alsô daz in vil gewundert unde ze tiefe dar inne rumpelt mit gedenken, wie daz gesin müge, daz der vater unde der sun unde der heilige geist ein got ungescheiden sint* 53, 4. Dort werden die Gedanken eines *unsæligen ketzers,* hier aber die eines Christen und somit auch Berthold's vorgeführt. — Ebenso lassen sich die Modi folgender drei Sätze mit einander vergleichen: II 227, 10 *Daz ein engel mêr freuden habe danne die andern, daz ist âne sache niht,* I 98, 13, 14 *daz iuch got sô klâr unde sô edel an himelischer materien niht geschaffen hât als die engele, daz hât er âne sache niht getân,* und 306, 13 *unde daz hât der almehtige got âne sache niht getân, daz er die sô hôhe geêret hât.* Die zwei letzten Fälle geben Thatsachen an, der erste ist mir unklar. — Ferner haben wir den

Konj.: 485, 39 *sprechent — — —, ez sî unmügelich, daz
deheines richen mannes sêle iemer rât werde;* der Konj. steht
hier aus zweifachem Grunde, indirekter Rede und Ver-
neinung. Ist der Hauptsatz positiv, steht der Ind.: 303, 9
*Sô ist daz michels mügelicher, daz er sich mit sîn selbes
worten — — wandelt in ein brôt,* 249, 6 *Unde dâ von ist
daz wol mügelich, daz man von ir geslehte in dem heiligen
êwangeliô liset,* 324, 33 *dû von ist ez ouch wol mügelich*
(recht und billig), *— — —, daz man sie (die heilige zît)
mit der kiusche ouch êret.* Für weitere Beispiele mit *müge-
lich* = geziemend, vgl. Absichtssätze II. — Der Hauptsatz
ist positiv, und der Konj. der Subjektssätze erinnert an
den Konzessiv: II 34, 18 *wan der muoz eintwederz sîn, daz
sie trügener sîn oder sie triege der tiuvel.* Bei negiertem
an gên findet sich der Konj.: II 186, 16, 17 *Wâ von ein
fürstenamt der engele hœher sî und edeler, daz gât uns niht
an und wie sie genant sin.* — Nach *ez ist swære* erscheint
der Konj.: II 263, 24 *ez ist swære, daz man gehorsam sî.*
Dagegen steht in der nächsten Zeile, wo es sich um ein
in der Vorzeit faktisch eingetretenes Ereignis handelt, der
Ind.: II 263, 25 *Nû sich, gote dem was ouch swære daz
er den galgen des kriuzes ûf sich nam und in zuo der mar-
ter truoc.*

Unter anderen Beispielen für die Geschmeidigkeit, mit
welcher sich die Modusform den Vorstellungen anpasst,
mögen noch folgende zwei Stellen dienen: II 158, 27 *ez ist
gar ein bœse zeichen an iu, daz iuch alsô wênic erbarmet,* und
II 168, 11 *Jâ dû dienest im aber selten, daz ist niur ein
zeichen, daz er dir iht liep sî.* In jenem Falle ist der Ne-
bensatz Subjekt, in diesem entspricht er einem Genitiv und
ist das Objekt der im Substantiv *zeichen* liegenden Thätig-
keit: 'Du zeigst an, dass er dir nicht lieb sei'; deshalb
steht der Konj., um Subjektivität zu bezeichnen.

Ein mit *daz* oder Interrogativum eingeleiteter Satz
schliesst sich bisweilen an ein im Hauptsatze stehendes Sub-

stantiv ergänzend an, dessen Begriff er dann weiter ent-
wickelt. Wenn der Konj. im Nebensatze auftritt, kann der
Grund darin liegen, dass er etwas Gewolltes bezeichnet,
so 454, 5 *Der im aber allen dienest tœte, der wœre im sô
liep niht als dirre dienest, daz man im liebe tuo an im sel-
ben*, 458, 8 *alle die ez getuon mügen die suln unserm herren
die êre bieten, daz sie — eine messe hœren*, 498, 5 *an ruofen,
daz sie — — biten daz er uns der gnâden helfe, daz ir
lêre alsô an uns nütze werde*, 498, 27 und 502, 19 (dasselbe).
Dagegen steht der Ind., wo der Hauptsatz den Ind. hat, und
der Nebensatz ausserdem ein schon eingetretenes Ereig-
nis enthält: 501, 34, 35 *Ez vert weder in die helle noch in
daz vegefiwer, ob got im der gnâden hilfet, daz ez ze rehte
getoufet ist unde ze priesters handen komen ist.* Der Kon-
junktiv steht: II 257, 10 *Die ander êre wil got einest in
dem tage, daz nieman sî — — — er sule alle tage ein messe
hœren.* Wenn der Nebensatz aber ein Substantiv des Haupt-
satzes ergänzt, ohne sich zugleich auf den dort ausge-
sprochenen Willen zu beziehen, steht der Indikativ, wie
126, 36 *sie wolten doch gerne — — für den schaden, daz
sie gotes antlütze niemer gesehent, — — an einer glüenden
siule ûf unde nider varn*, 216, 4 *sie wellent aber den nutz
haben von den brôtbecken, daz er kleinen kouf backet.* — Der
Konjunktiv kann stehen, weil der Inhalt des Nebensatzes
in die indirekte Rede fällt, wie 10, 19 *Unde dô got sine
wisheit sô rehte an sach unde sîn tugent, daz er ûf daz
ende — — — hœte gesehen*, 33, 24 *und erzöugent ir ver-
dampnisse, daz sie uns des himelrîches vergunnen*, 82, 39
*sprichet sant Augustinus ein schœne glichnüsse, daz unser
fiwer als toup sî*, 208, 24 *er giht er habe von dem bâbeste
den gewalt, daz er dir alle dine sünde abe neme* (vgl. den
finalen Konj.: 361, 22), 471, 27. In direkter Rede heisst es:
302, 29 *Den gewalt hât er noch, daz er den heiligen worten
die kraft git.* Moduswechsel findet statt, weil der Ind. ein
wirkliches, der Konj. Præt. ein nur unter gewissen Be-

dingungen eintretendes Ereignis ausdrücken soll: 574, 33
*Herre, sprach der tiuvel, dû weist wol daz ich eine hantveste
hân, daz der sünder min ist, swenne er din gebôt zeɽbræche
daz er mit rehte min wære.* — Da der Nebensatz einen
bloss angenommenen Vorgang ausdrückt, steht der Kon-
junktiv: 32, 33 *in der wîle möhte ein schade geschehen, daz
dû im daz minnecliche antlütze unsers herren verlürest,*
109, 9 *er habe danne die tugent daz er gelte unde wider-
gebe,* 389, 5 *Alse wâr — — — din wârheit ist, alse wâr
ist disiu rede, daz er disiu zehen kint unze an ir tôt ê nach
dem almuosen lieze gên.* An *rede* wird aber ein Satz im
Indikativ angeknüpft: 32, 1 *diu rede gehœret dâ her in
— — — waz schaden daz kint enphœhet.*

Als Objekt steht eine Anzahl von Nebensätzen, ohne
von den Anführungsverben der indirekten Rede regiert
zu werden und ohne gerade den Absichtssätzen anzuge-
hören, obgleich einige diese nahe berühren. Der Konj.
steht nach verneintem Hauptsatze: II 96, 11 *Und dô sin
got niht mêr vertragen wolte, daz sie im alle tage unêre er-
büten* und II 272, 13 *Eteliche die wellent niht lîden daz man
sie strâfe;* bei positivem Hauptsatze steht der Ind.: 528, 36
daz man bürge unde türne brichet, daz vertragent sie.
Der Konj. steht nach einem finalen Konj. 382, 12 *sol er
biten — daz sie im lûterliche vergeben, daz sie des quotes
wider daz reht gemangelt haben.* In einem diesem ganz
ähnlichen Falle setzt B. aber den Ind.: 75, 21 *sô soltû in
dannoch biten daz er dirz vergebe, daz dû in an sinem
quote versûmet hâst.* Der Unterschied kann darin liegen,
dass in jenem Falle durch den Konj. der Gedanke des Bit-
tenden bezeichnet werden soll. In einem vorangestellten
Objektssatze steht der Konjuktiv: 96, 5 *wan daz die engel
freude und êre hiute haben in himelrîche, daz habent sie alle
von dem einigen dinge,* 400, 37 *Wie hôhe aber ie von einem
sternen zuo dem andern sî unde wie breit ieglîcher sî, daz
bevelhen wir gote.* Bei demselben Verb findet sich *ob* mit

dem Ind.: II 60, 10 *Ob er gebüezet hât, daz bevelhen wir gote,* und ebenso II 81, 6 *ob ez halt iemer keinem menschen geschiht, daz bevelhen wir gote.*

Absichtssätze.

Die Absichtssätze zerfallen in zwei Klassen:

I. diejenigen, die sich an den ganzen Inhalt des übergeordneten Satzes anschliessen und somit den Zweck angeben, der durch die ganze Handlung dieses Satzes beabsichtigt wird. Man nennt diese auch eigentliche Absichtssätze;

II. diejenigen, die sich auf besondere Ausdrücke des übergeordneten Satzes beziehen, welche eine Bedeutung von Willen oder Notwendigkeit haben, oder mit dem Absichtssatze vereinigt eine solche Bedeutung annehmen können. Diese Sätze werden auch abhängige Willenssätze genannt.

Es lässt sich jedoch zwischen diese beiden Klassen keine scharfe Grenze ziehen, da auch nach einem Verb des Bittens ein Absichtssatz der ersten Klasse stehen kann, wie 495, 33 *daz bediutet daz sie in in der alten ê mit grôzem flîze an ruoften, allez dar umbe daz er kæme;* und besonders wenn das Verb schon ein Objekt hat, über welches das Streben hinausgeht, wie 431, 9 *Unde bitet ein armer — — — eins zaher wînes daz ez sîn siechez herze gelabe,* II 58, 7 *darumbe râtet ir den kleinen kinden bœsiu dinc, daz sie sîn gewonen.*

Absichtssätze beider Klassen finden sich in demselben Gefüge: 318, 31 *ich wil — niht, daz dehein geistlicher hie sî, daz sie niht hœren,* 98, 23. II 15, 12, 13, 14. 260, 16 *Daz dir got lône, nim dichz an, daz dû gedultic sîst.*

Absichtssätze I.

Diese werden durch *daz,* in einzelnen Fällen auch durch *dâ mite daz* und *dâ mite* eingeleitet.

Voranstellung des Nebensatzes kommt bisweilen vor,
wenn der Hauptsatz einen Imperativ enthält: 303, 12 *daz
mir unser herre werde, gip mir einen brôsemen,* 316, 32.
II 260, 16; sowohl vor als nach dem Hauptssatze finden
sich Absichtssätze: 355, 15, 17, 19 *Unde dar umbe daz iu
got lône, ir jungen priester (— —), sô bestët sie deste gnæ-
diclicher, daz in diu buoze deste heimelicher werde unde daz
sie die widerwertigen unde die herten deste gerner enphâhen.*

Ein Adverbial mit *durch* oder *umbe* steht an folgen-
den Stellen im Hauptsatze: 112, 34 *Ir wænet — — —, die
sagen ez iu durch ir selbes gefuore, durch daz in der zehende
werde,* 56, 9. 228, 4. 469, 24. 475, 8. II 60, 33, 34. 126, 18.
142, 11.

Mehreren Absichtssätzen der ersten Klasse geht ein
den Hauptsatz zusammenfassendes *allez* voran, wie 5, 5 *dar
an begnüeget den tiuvel niht, er verleite in dannoch gerne
in mêr sünde, allez daz dar umbe, daz er deste sicherr an
im si,* 33, 8 *swenne der priester vil gesegent den touf vor
dem tiuvel, allez daz er den touf iht irre,* 43, 10. 46, 10,
11. 119, 23. 421, 21, 22. II 71, 1. An zwei Stellen wird
der Nebensatz durch einen Punkt oder Doppelpunkt vom
Hauptsatze getrennt: 292, 27. II 63, 32 *ir sult in nur in
tiutsche sprechen. Allez dar umbe, daz eht iuwer geloube
stæte si an dem tôde.*

Nach den Verben der Bewegung und des Sendens
stehen Absichtssätze:

varn 176, 9 *daz manic tûsent menschen von hinne über
mer fuoren, niht danne darumbe, daz sie hern Salomôn ge-
sæhen,* 533, 31. II 134, 6; nach Konj. desgleichen: I 234, 11
*er füere von hinnen über mer, daz er niwan die selben stat
gesæhe,* 390, 32. 503, 29. II 243, 25, 28.

komen 56, 9 *Durch drier leie fride quam got von himel-
riche her abe. Daz ein fride würde,* 451, 33 *wan er kam
von himelriche ûf ertriche durch anders niht, wan daz die
heiligen liute von siner künfte heiliger würden,* II 99, 8; mit

7

wellen oder *suln* verbunden: 183, 30 und 517, 19; nach konjunktivischem Hauptsatze: II 174, 6.

gên 353, 4 *alsô gêst dû für den priester, daz er dîne wunden der sünden heile,* 516, 39.

kêren II 173, 11 *der kêre wider ze got durch sin selbes sêle willen und daz dem tiuvele deste minner werde*

gâch ûf sin II 209, 13 *Dem was sô gâch ûf, daz er gote gehôrsam wære.*

werfen 33, 31. II 239, 37 *und werfet ez in daz fiur, daz ez verbrinne,* 231, 14.

senden 512, 23 *sante ze einem wârsagen, ob er gesunt solte werden oder — — —, daz er im daz kunt tœte,* und der Konj. Præs. nach dem Ind.: II 173, 14. 258, 19. Der Ind.: II 172, 39 *Nù hât mich der almehtige got her gesant, daz im disiu zwei teil blîbent.* **dar zuo lân:** II 238, 12 *und ir lât niur die knehtelîn dar zuo, daz sie in bûwen,*

Bei Berthold scheint das demonstrative Adverb *dâ mite* im Begriff zu sein, über seine relativische Verwendung hinweg, zu seiner finalen Thätigkeit zu gelangen.

Mit konjunktivischem Satze steht *dâ mite:* 32, 7 *kêrent — — · — ir flîz und ir liste dar an, wie sie in die freude erwenden, dâ mit daz ez ungetoufet bestê und ungetoufet sterbe,* 235, 34 *Dô liez er doch niht, er fünde dô ein ander wisheit, dâ mite er der liute eht vil in sin riche brœhte, daz er vil werlte gewünne,* II 145, 4 *sie* (die Pharisäen) *giengen nach, ob sie in niht verkêren möhten, dâ mite sie im den lîp an gewünnen.*

Der übergeordnete Satz hat in allen drei Fällen den Konjunktiv, dessen assimilierender Einwirkung der Modus des untergeordneten Satzes ausgesetzt ist. Ein Ansatz zur Verwendung als finale Konjunktion scheint im ersten und letzten Beispiele vorhanden zu sein, indem sich *dâ mite* auf den ganzen vorhergehenden Satz bezieht. Und im ersten Falle fügt B. nach *dâ mite* seine finale Konjunktion *daz* hinzu. Wenn sich aber im übergeordneten Satze der

Ind. findet, steht nach *dâ mite* der Ind., auch wo der Inhalt des Satzes als beabsichtigt aufgefasst werden könnte: 129, 7 *sie wellent sô getâne sünden tuon, dâ mite sie ander liute mit in zer helle bringent* [1]), 307, 12 *und müret einen turm umbe dich, dâ mite daz er dâ iemer mêre sicher ist,* und sogar nach einem Ausdruck, der sonst mit *daz* und finalem Konj. vorkommt: 132, 31 *siht man wol, daz der tiuvel alle tage iteniuwe stricke vindet, dâ mit er die sêlen væhet;* mit einem finalen Satze im Konj. verbunden: 340, 16 *sô hânt sie alle schalkeit funden, dâ mite sie den menschen verleitent, daz eht sie vil soltritter gewinnen.* [2])

Ein Teil der Entwicklung der finalen Konjunktion 'damit' lässt sich vielleicht aus den gegebenen Sprachproben ersehen. Die Funktion von 'damit' ist zunächst, auf das Mittel zu verweisen, durch welches etwas geleistet wird. Der Satz ist entweder Haupt- oder Relativsatz und hat den Ind. (Beispiele dafür weist fast jede Seite bei Berthold auf). Dann kann 'damit' sich auf das Mittel beziehen, wodurch etwas Beabsichtigtes zu stande gebracht werden

---

[1]) Die Hdschr. A, die die Predigt allein überliefert, hat jedoch 'bringen'.

[2]) Als finale Konjunktion verwendet Luther (vgl. 'Neudrucke deutscher Litteraturwerke des XVI und XVII Jh.' N:o 4. 50. 83 und 84) meist 'auff das': N:o 4. S. 6, 6. 23, 27. 46, 15. 47, 24. 60, 9. 63, 28. 75, 18. N:o 50. S. 27, 35. 44, 21. 52, 20, 21. und 'das': N:o 4. S. 19, 26. 23, 36. 26, 22. 27, 37. 28, 21. 92, 39 (Voranstellung). N:o 50. S. 48, 8. Dagegen kommt 'damit' nicht so häufig vor: N:o 4. S. 19, 30. 73, 21. N:o 50. S. 28, 5. 54, 33; in diesen Beispielen, das letzte ausgenommen, bezieht sich 'damit' noch auf einzelne Worte. In den zwei ersten drückt der Konjunktiv nach 'damit' Absicht aus, in den zwei letzten kann er auch stehen, um ein bloss angenommenes Ereignis auszudrücken. Anders ist das Verhältnis bei Emser, der im Vergleich mit Luther die Konjunktion 'damit' sehr häufig verwendet: N:o 83, 84. S. 24, 11. 51, 14. 65, 18. 78, 16. 100, 17. 132, 5. 141, 26. Bei ihm entfernt sie sich von ihrer demonstrativen und relativen Verwendung und nimmt mehr den Charakter einer Konjunktion an. Das geschieht besonders, wenn der Absichtssatz vorangeht, wie 90, 1. 95, 4. 105, 10. 110, 3 oder parenthetisch eingeschoben wird, wie 116, 35. 131, 13. An sämtlichen Stellen tritt 'damit' mit dem Konj. auf.

soll. 'Damit' kan fortwährend relative Bedeutung (womit, wodurch) haben, und die Absicht durch den Konjunktiv angedeutet werden (vgl. die aus Berthold und Luther angeführten Stellen). Schliesslich bekommt 'damit' selbst die Fähigkeit, das Ereignis des Nebensatzes als erstrebt zu bezeichnen (Emser) und erfüllt diese Funktion manchmal so genügend (in der heutigen Sprache), dass der Konjunktiv sogar überflüssig wird. Ob *dâ mite* schon in den aus Berthold angeführten (129, 7. 307, 12 und 132, 31) indikativischen Beispielen diese Funktion hat, getraue ich mir wegen der geringen Anzahl nicht zu entscheiden. An der Stelle (307, 12), wo es mit *daz* verbunden steht, kann es wenigstens nicht als Relativum aufgefasst werden [1]).

Der Konj. ist ein wesentliches Kennzeichen der Absichtssätze der ersten Klasse. Wenn der Konj. nicht vorhanden ist, wird das Gefüge leicht konsekutiv, wie 530, 19 *und er hât alle zit wol bedâht, wie er dich überrede, daz dû iemer deste mêr swacher bist*, II 109, 34 *ein tranc trinkent, daz sie niemer kint tragende werdent*, II 202, 36 *Sô wil iu ez got behalten, daz sin niemer mêr minner wirt, daz iu nieman kein leit tuot*, oder kausal, wie II 219, 27 *verfluochet sin die pfenninge darumbe nement, daz sie einem anderen menschen sin sêle ermordent*.

Auf der anderen Seite können oftmals Konsekutivsätze, die den Konj. haben, die Absichtssätze berühren, wenn sie ausdrücken, dass die Folge von jemand gewünscht wird. Das kann eintreffen, wenn der übergeordnete Satz einen Imperativ, einen finalen Konj. oder ein *suln* enthält, wie II 96, 22 *und ertœtent sie alle samt, daz rehte einer niht genese*, 157, 34 *Gewinnent wäre riuwe, daz iu gar leit sî,*

---

[1]) Erdmann führt (Grdz. §§ 175, 179) das finale 'damit' nur für das Nhd. an. Gelegentlich erwähnt er (Zeitschr. f. d. Phil. XX S. 226) ein Beispiel aus der Gräzer Litanei, in welchem 'damit' finale Verwendung haben soll. An dieser Stelle möchte ich aber lieber dem 'damit' eine relative Bedeutung unterlegen.

swaz ir begiengent; I 29, 14 *habent dar ûf alle ir liste gerihtet, wie sie den menschen verleiten, daz er die freude verwirke,* **209,** 16 *Owê, gitiger,* — — , *daz diner muoter ir brüste niht erdorreten, daz sô manic tûsent sêle von dinen schulden iht verloren wæren!* 224, 28, 441, 2. II 103, 18. 133, 18. 269, 23; I 279, 38 *sô ich disen guoten liuten solte sagen, daz got gelobet würde,* 353, 18 *Die (buoze) soltû gar wol in diner pflege hân, daz dû ir iemer vergezzest unde daz dû sie niemer mêr gebrechest,* 360, 3. II 135, 39.

Berthold kann den Indikativ in der ersten Klasse der Absichtssätze verwenden, wenn ihm das beabsichtigte Ereignis schon als wirklich vorschwebt: 287, 8 *alle die sich dar ûf zierent unde ûz machent, daz sie die liute verreizent ze süntlichen dingen,* 316, 36 *jâ, ich wil dir gerne ein ander erlouben, den worten daz dû mir deste baz tuost unde daz ouch diu kint deste baz versehen sint* (auch konditional zu fassen), II 166, 20 *als er uns allen zeigen wil an den jungesten tage sîn wunden, darumbe daz er uns sehen lât, wie liep er uns hât gehabt,* 172, 39 *Nû hât mich der almehtige got her gesant, daz im disiu zwei teil blîbent,* 254, 10 *Got wil si dar umbe martern an etelichen dingen, daz in wê wart, daz si ez ie getâten* [1]).

Moduswechsel erscheint: 79, 26 *unde daz got daz korn læt erfüllen in der erden daz daz zeichen deste græzer sî, unde danne ander korn ûz dem füllen korn wahsen lât, daz alliu diu werlt gespîset wirt,* 246, 27 *Die (waren minne) wil er dir dar umbe êwiclîchen schenken, daz dû komest ûz der geselleschaft des tiuvels unde daz dû daz unrehte guot hiute læzest, daz dû doch muost lâzen, den worten daz dir der guote sant Peter schenket êwiclîchen mit den heiligen zwelfboten, daz dich die êwiclîchen minnen,* 368, 10 *Seht, daz tuot unser herre durch drie sache. Swâ die übeln den guoten*

---

[1]) I 196, 6 'unde den worten, daz er iuch deste baz behüetet, so wil ich iu sagen, wie der heizet' soll 'er' nach den Anmerkungen 'ir' sein.

übel tuon, daz den guoten ir lôn dâ mite gemêret wirt [1]) — —
*unde daz disen gotes kinden ir lôn ûf neme und ir vegefiwer
geminret werde.*

Absichtssätze II.

Diese Sätze werden von *daz* oder Interrogativen ein-
geleitet. In dem Hauptsatze des Absichtssatzes stehen
Verben und verbale Redensarten, die bereits eine Absicht
andeuten, und der Absichtssatz erscheint als eine Ausfüh-
rung dieser Andeutung (Erdmann Grdz. § 175). Die hieher
gehörigen Beispiele aus Berthold werden nach den Bedeu-
tungen der die Absicht enthaltenden Ausdrücke aufgestellt.
Diese bezeichnen: ein Wollen, Wünschen und Wählen, ein
Bitten, ein Befehlen, ein Raten und Antreiben, ein Bewir-
ken, ein Verleihen, ein Erlauben und Verbieten, ein Warnen
und Hüten, ein Erwarten und Hoffen, eine Notwendigkeit
oder Angemessenheit.

Einigemal hat das Verb eine indifferente Bedeutung,
die erst beim Hinzutreten des Absichtssatzes eine Bedeutung
von Wunsch oder Befehl annimmt. Solche Verben sind *sagen,
sprechen, ruofen, grüezen, nemen, tuon, setzen, geben, zeigen*
und *vor liuten*. Sie fallen dann mit *wünschen, ermanen,
bewirken* und *gebieten* zusammen.

Der Ind. kann in diesen Sätzen vorkommen. Ein
Substantivsatz, der als Bestimmung der erst genannten Ver-
ben steht, braucht nämlich nicht notwendig die in der Be-
deutung des regierenden Verbs liegende Absicht weiter
ausführen, sondern kann das Ziel als schon erreicht oder
sicher bezeichnen. Die beiden Sätze haben dann den Wert
zweier selbständigen Sätze, wie 'bittet! — Gott hilft euch',
oder einer konsekutiven Verbindung: 'Bittet, dass (so dass
die sichere Folge wird, dass) Gott euch hilft'. Auch solche
Verben, die häufig mit finalem Konj. stehen, treten biswei-
len mit dem Ind. auf, z. B. II 7, 29 *möhtet ir gerne unser*

---

[1]) a: werd.

liebe frouwen an ruofen, daz sie sich über iuch erbarmt,
I 334, 12 *wan er hat ez iu geheizen, daz er iuch hie wol
ernert,* 131, 25 *unde swâ sie gestatent — — —, daz sie
sündent.*

Der Konjunktiv bezeichnet, dass der Inhalt des Absichtssatzes vom Subjekte des übergeordneten Satzes (oder
von einem anderen) beabsichtigt wird.

wellen. Auf den Ind. Præs. folgt der Konj.: 22, 32 *ich
wil des sünders tôt niht, ich wil daz er sich bekêre unde
sine sünde büeze,* 49, 31. 55, 12 (übergeordneter Fragesatz).
69, 24. 166, 18. 296, 10. 322, 3. 484, 29. 511, 12. II 27,
24. 159, 6. 191, 7. 253, 23. 256, 22. 269, 37; der Konj.
nach negativem Hauptsatze: 318: 31 *ich wil über ein niht,
daz dehein geistlicher hie sî,* 545, 15. II 129, 8. 192, 29.
192, 32. 214, 25. 215, 20. *wellen* steht selbst im Optativ:
275, 12 *nu enwelle der almehtige got, daz ich daz zerbreche.*
403, 31. II 271, 11. Das Præt. steht im Haupt- und Nebensatze; es bezeichnet nicht Vergangenheit, sondern dass
der Wunsch als unerfüllbar gedacht wird, oder dass der
Inhalt des Nebensatzes der Wirklichkeit weniger entspricht:
96, 23 *wan er selbe anders niht enkan — — —, sô wolte
er ouch, daz engel unde menschen tugenthaft wæren,* 149, 22.
179, 1. 239, 25. 259, 22. 340, 38. 343, 30. 359, 18. 388, 23.
399, 35. 405, 39. 458, 27. 492, 37, 39. 494, 14. 544, 27.
555, 11. II 106, 12. 111, 1. 147, 7. 166, 15. 178, 25.
257, 17; negierter Hauptsatz: I 242, 22 *Er wolte halt niht,
daz er bi gote in dem himelriche wære,* 399, 27, 31.

Zwischen dem Nebensatz und dessen Objekt steht *wellen*:
455, 33 *Die andern wil er daz man im ze allen ziten erbiete.*

Einmal bezieht sich der Nebensatz auf ein als Hülfsverb gebrauchtes *wellen*: 438, 5 *Sô wil er im nú lihen: daz
im éin pfunt ze rehte gelten solte, daz muoz im nú driu gelten oder zwei zem minnesten, unde daz erz niemer dâ mite
erlœse, swie vil ez im nú giltet* d. h. 'So will er ihm jetzt
leihen: das Gut, das dem Pfandinhaber eigentlich ein Pfund

(als Zins des ausgeliehenen Kapitals) eintragen sollte, das muss ihm jetzt drei einbringen, und jedoch will dieser nicht, dass er (der Verpfänder) es mit dem Überschuss der Einnahme löst'.

wellen ist mit 'behaupten', 'meinen' gleichbedeutend: 568, 19 *daz wellent manige liute daz daz niht ein houbetsünde si.*

willen hân mit dem Konj.: 75, 14 (konditional) *er sol ganzen willen hân, ob erz hœte, daz er ez gerne gülte,* 437, 7, 8 (negiert).

ernst und andâht hân mit dem Konj.: II 85, 23 *daz er ernst und andâht ze dem toufe haben sol, daz er im kristenreht dô gebe.* Die Substantive *willen* und *andâht* mit Konjunktivsätzen: 286, 20. 514, 18. II 139, 20. 200, 30.

muot (Absicht, Verlangen) **hân** mit dem Konj.: II 207, 23 *als wênic hât er muot der ketzer, daz er iemer ze sînen genôzen kome.*

wünschen mit dem Konj.: 495, 2 *Und dâ von wünscheten sie alle daz unser herre sin geheize vollebrœhte,* 144, 14. 222, 33 (konditional).

hungern mit dem Konj.: II 8, 35 *Daz sie daz unmâzen gerne sœhen, darnâch hungert sie sêre.*

gerne sehen steht in der Regel selbst im Optativ Præt. mit dem Konj.: 221, 7 *sô sœhet ir gar gerne — — — daz ir junc wœret,* 273, 23. 333, 22. 406, 8. II 167, 36. 244, 12. 268, 14; aber auch nach dem Ind. steht der Konj. vom Præs.: 74, 16 *Wiltû niht genzlichen gelten unde daz dû gerne sihst, daz man dir gnâde tuo,* 91, 4, 18, vom Præt.: II 125, 15 *Alsô gerne sach unser herre, daz vil gesindes in sinem künicriche wœren.*

ist liep im Ind. mit dem Konj. haben wir nur: II 132, 7 *Welhez ist daz ander, daz iu ouch aller liebeste ist? Daz ist, daz man sich niemer bekêre.* Sonst steht es immer auch selbst im Konj.: 23, 5 *Daz der herre sant Nicolaus eins einigen ave Mariâ mêr hœte gesprochen — — — daz*

wære im lieber, 360, 8. 543, 15. 555, 1. 571, 4. II 179, 29.
232, 8. 271, 11.

gunnen mit dem Ind. heisst einfach 'gutheissen' (was
geschehen ist oder als thatsächlich betrachtet wird): 213, 35
und im wol ganst daz im übel geschiht an libe oder an sêle,
277, 6. Mit dem Konj. steht es: 213, 33 *dû ganst sin im*
aber herzelichen wol, daz im ez ander liute tuon, 359, 33
*Er hât*¹) *im aber vil wol günnet, daz er — — — ein seme-*
lichez herze gein gote hæte gehabt; **suln** steht im Hauptsatze:
359, 25 *Dû solt alse gerne dinem næhsten gunnen daz im*
wol geschehe als dir selben, II 136, 6; Hauptsatz im Konj.:
239, 27 *sô günde ich dirz alse wol alse mir selber, daz dû*
gotes hulde hætest.

die wal nemen, ûf nemen, nemen (= wählen) haben den
Konj.: 23, 2, 3 *Unde dar umbe næme ich die wal, daz ich*
ein guot mensche wære unde des himelriches sicher wære,
II 4, 1 *Nim ich denne, daz dri mânôt urliuge in minem*
lande si, I 545, 21 (nach **suln**). II 10, 11 *David der wolte*
doch daz niht ûf nemen, daz dri mânôde strite in sinem
lande wæren.

volgen mit dem Konj.: 199, 20 *dô er dinem vînde des*
volgete daz er ungehôrsam wære.

gern ist überall negiert und hat den Konj.: 70, 13 *Der*
almehtige got — — — gert des niht daz man im nâch der
rehtikeit iht gelte, 74, 39. 286, 30. II 200, 31. 265, 5. 274, 19.
In den aufgezählten Beispielen steht der Konj. Præs. nach
Præs. Ein Konj. Præt. nach Præs. findet sich.: 234, 19
ich enger des niht, daz ich ein künic wære oder würde.

begern hat den Konj. Præt.: 228, 39 *Ein wissage be-*
gerte an unsern herrn, daz er im kunt tæte, und den Konj.
Præs.: 368, 7 *und ouch die engele daz alle tage begernt, daz*
sich got lâze an in rechen, II 265, 10. 272, 22.

drûf halten hat dagegen den Ind.: 277, 4 *Dû solt ouch*
niemannes tôdes begern noch mit râte noch mit gunste noch

*mit helfe, noch daz dû nieman drûf haltest, daz er einen
menschen ertœtet, noch drûf rœtest.*

biten hat stets den Konj.; dieser steht nach dem Ind.
Præs.: 424, 17 *sô biten wir — — —, daz er mir gebe ze
sprechenne,* 512, 1. 567, 37. II 7, 27. 63, 36. 268, 36.
272, 35; — nach dem Ind. Præt.: 282, 29 *dô bœte du got
unde alle sine heiligen, daz sie dir niemer niht gehülfen,*
527, 33. II 82, 2; — nach konditionalem Konj.: 303, 25;
— nach finalem Konj.: 93, 27; — nach dem Imperativ: 49,
36 *Bitet — — — unsern herrn, daz er mir gebe,* 93, 21, 26.
125, 21. 269, 21. 406, 39. 407, 2, 3. 461, 6. II 221, 14;
nach *suln biten:* 42, 25 *solt — — — got siner gnâden biten,
daz er sich über dich erbarme,* 51, 32. 52, 12. 63, 18. 75, 21.
180, 26. 304, 29. 382, 11. 481, 15. 495, 15. 498, 27. 504,
12, 14. 545, 30. II 195, 19; — nach *maht biten:* 333, 3; nach
hœtet ze biten: II 19, 16. Ein *ze biten* kann aus dem Zusam-
menhange ergänzt werden: I 144, 16 *unde swer sich an
disen zwein verwarlôset hât (ze biten), daz sie got friste mit
gesunde unde mit sœlden unde daz sie gotes hulde erwerben.*

erbiten mit dem Konj.: 43, 25 *wan aller sœlden grœstiu,
der man unsern herren erbiten mac, daz ist diu, daz er uns
behüete.*

ane ruofen weist einen Ind. im Nebensatze auf: II 7, 29 *sô
möhtet ir gerne unser liebe frouwen an ruofen, daz sie sich über
iuch erbarmt* (auch konsekutiv zu fassen). Sonst erscheint
nur der Konj.; nach dem Ind.: 10, 17 *unde rief got vil tiure
an, daz er — — daz unschuldige volk siner schult niht ent-
gelten lieze,* 290, 23, 24; — nach dem Imperativ: 387, 8.
420, 15 *Unde rüefet alle samt den almehtigen got an, daz erz
tuo,* 535, 38. 536, 1, 2, 4. 565, 13, 14; — nach *suln* steht
der Konj. Præs.: 7, 5 *dû solt in an ruofen, daz er dir daz
beste und daz wœgeste gebe,* 46, 39. 218, 37. 382, 13, 457, 34.
458, 10. 489, 25. 496, 13, 35. 497, 24, 31. 498, 4, 5.
499, 5, 6, 7. 500, 5, 19. 504, 4. 519, 26. II 15, 12, 13.

20, 23. 240, 27; der Konj. Præt.: 85, 33 — — *daz dû got an ruofen soltest daz dû aller der gnâden teilhaft würdest;* — nach *ist nôt, daz ir an ruofet:* 84, 20.

muoten, gemuoten stehen mit dem Konj.: 255, 21. II 50, 7 *sô endarf des nieman muoten, daz er dar ûz kome,* II 267, 7, jedesmal mit verneintem Hauptsatze.

manen mit dem Konj.: 245, 22, 23 *und suln dise gitigen liute biten unde manen, daz sie sich ûz dem fride nemen — — unde sich ergeben in den fride — — des almehtigen gotes.*

ermanen mit dem Konj.: 98, 23 — — *unde daz den menschen ermante der horwige irdenische sac, daz er dêmüetic wære.*

zeigen mit dem Konj.: 282, 38 *alsô zeigest dû gote, daz er dich werfe unden in die helle.*

bezeichenen mit dem Konj.: II 170, 10 *er bezeichent im dâ bî, daz er sich ir underwunde* (vgl. S. 51).

vor lluten mit dem Konj.: 459, 11 *Dâ von liutet man allez vor, daz die liute komen unde den gewaltigen künic der êren gesehen.*

sprechen hat den Konj.: 1, 10 *unde dâ von sprichet s. Paulus hiute, daz man wisliche werbe,* II 117, 28. 185, 27. 263, 29.

sagen mit dem Konj.: II 113, 3, 4 *ich hân deheinen gewalt niht, — — —, wan daz ich ez den andern sage, — — —, daz sie in zite dâ von komen,* II 163, 16, 17.; *sagen* steht im Imperativ: II 135, 22.

ruofen mit dem Konj.: 38, 5 *ruofen: alle die ein zagehaft herze haben, daz die widerkêren.* Der Konj. ist auch als ein selbständiger Jussiv mit *daz* aufzufassen (vgl. S. 16).

grüezen mit dem Konj. haben wir: 502, 15 *und grüezet iuch alse ofte, daz got mit iu sî.*

gebieten hat den Konj. Præs.: 86, 28 *solten — — gebieten, — — —, daz man ez sâ zehant ville und im daz vel gar abe ziehe*, 86, 29. 191, 3. II 165, 16. 267, 24, und den Konj. Præt.: II 223, 23, 24 *Dem gebôt unser herre, daz er füere in ein lant und allez daz erslüege*, 223, 25. An das Subst. *gebot* schliesst sich ein Nebensatz im Konj.: II 146, 19 *hát der tiuvel — — — geboten ein gebot ze halten, daz ist daz man übele tuo*, II 125, 2.

enbieten mit dem Konj.: 9, 2 *im enbôt unser herre got bi einem wissagen, daz er im drier buoze eine næme.*

bevelhen regiert einen konjunktivischen Absichtssatz im Præs.: 361, 5 *Alse vesteclichen ist ez hiute eime ieglichen bâbeste bevolhen, daz er an gotes stat die kristenheit wise unde lêre*, II 114, 16; im Præt.: 293, 36 *unde bevalch in, daz sie sie aller werlte gæben umbe sus.* Vgl. S. 95 f.

heizen mit dem Konj. Præs. steht: 149, 20 *unde heizest in, daz er im minner drumbe biete*, II 129, 16; — mit dem Konj. Præt.: 91, 10 *dô ich sie hiez daz sie dir getriuwe wæren*, 378, 26. 392, 32.

geben in der Bedeutung von 'auferlegen' hat den Konj.: 562, 8 *wan er gap Adâme daz er arbeite* (doch wahrscheinlich kurz für *arbeitete*).

setzen und **ûf setzen** im Sinne von 'verordnen' stehen mit dem Konj. Præs.: 563, 17 *Keiner frouwen ist daz niht gesetzet, daz sie verrer var in gotesverten*, II 225, 13; — mit dem Konj. Præt.: 325, 13, 14 *dô satzte er, daz diu frouwe dem manne undertænic wære unde der man der frouwen hêrscher wære*, 456, 18.

ordnen dagegen hat einmal den Ind.: 351, 18 *Nû bihtez einem lebendigen menschen, den got dar zuo geordent hat, daz er an sine stat dô sitzet.*

râten hat den Konj. Præs.: 32, 28 *daz râtent die tiuvel — —, daz man ez ûf schiebe*, 78, 12, 13, 14. 352, 21. II 17, 16. 56, 28. 57, 2, 3, 4, 13, 18, 19, 20, 32, 33, 34; den Konj. Præt.: 198, 8, 9. 458, 25 *Und ich wolte iu daz râten — — —, daz ir über drizic mile füeret durch einer messe*

willen. Der Absichtssatz bezieht sich auf das Substantiv
rât: II 17, 24 *und git in solichen rât, daz sie den lip ze*
sêre an grifen mit vasten, II 22, 2, 221, 17.

Wo aber mehr auf die thatsächliche als auf die ge-
wünschte Folge des Rates gesehen wird, steht der Ind.:
116, 10 *râtent, daz vil manic tûsent menschen dâ von ver-*
derbet wirt, 346, 29. 573, 7. II 161, 3 *Und alle die des*
von êrsten rieten, daz man liute roubet âne reht, wo doch
roubet kurze Præteritiform für *roubete* sein kann.

verleiten im Konj. mit dem Konj.: 29, 14 *ir liste gerih-*
tet, wie sie den menschen verleiten, daz er die freude verwirke.

Irren mit dem Konj.: II 57, 26 *dannoch irret er, daz*
man diu wort niht rehte spreche, mit dem Ind.: 397, 18 *dâ*
mite werdent sie verirret, daz sie des wâren sunnen niemer
mêre gesehent [1]).

schüpfen mit *wie* und dem Konj.: 31, 20 *Sie schüpfent*
gar in manige wîse, wie sie zuobringen, 31, 27; mit *daz:*
33, 13 — — *schüpfent dar zuo, daz ez bôsiu wort lerne,*
33, 14, 15. Doch wechselt hier der Ind. mit dem Konj. ab,
wo das Ereignis als schon eingetroffen gedacht wird: 33,
16, 17 — — *unde daz in gar wol dâ mit ist unde sin*
vaste lachen und ir goukel ist.

stüpfen mit dem Konj.: 32, 13 *Sie stüpfent etewenne*
daz man beite.

stiuren mit dem Konj.: 31, 15 *sie stürnt die frouwen,*
daz sie mit eteswem ringen oder springen.

triben hat den Konj.: 300, 20 *ir sult iuwer pfarreliute*
dar zuo triben, daz sie die grôzen heilikeit enpfâhen, und den
Ind.: 515, 34 *sô tribet dich din frâzheit dar zuo, daz dû gote*
unde werlte unmœre wirdest, II 267, 1.

twingen steht mit dem Konj.: 122, 37 *sol sie — — —*
dar zuo twingen, daz sie gelten unde widergeben, II 114, 27

---

[1]) Aa: gesehen.

(negiert); mit dem Ind.: 528, 26 *den vater twinget — — —,*
daz er sin kint — in den tôt git. darzuo twingen unde kêren
mit dem Konj.: 410, 39.

betwingen mit dem Ind.: 528, 22 *Er betwinget den vater*
daz er sin eigen kint in den gewalt des tiuvels willeclichen
git; wenn negiert, mit dem Konj.: 342, 34 *dô mohte er in*
niht betwingen, daz er sie ungebüezet lieze.

lêren mit dem Konj.: 33, 19 *und gîst im ein holz in*
die hant unde lêrest ez daz übel sî unde daz ez übel tuo,
281, 4 *unstætikeit lêret der liute ein michel teil, daz sie un-*
getriuwe werden an ir gelübede. Wenn aber das Einge-
prägte als eine Folge und nicht als etwas Erzieltes darge-
stellt wird, steht der Ind.: 96, 33 *wan alsô lêret man einen*
hunt wol, daz er die füeze für sich habet unde daz er schône
gebâret, 341, 27, 29. II 189, 19 *ich lére iuch daz iu der*
man holt wirt, II 259, 38 *wæren die alle zehen stunt wirser*
danne diu eine ist, ich wolte dich lêren, daz dû mit in allen
fride hâst.

meisterschaft an haben mit dem Konj.: 241, 4 *sol dem*
libe meisterschaft an haben, daz er die sünde iht tuo.

schaffen im Ind. hat den Konj.: 32, 8 *Sô schaffent sie*
daz man ez ûf schiebe, 132, 35 *(niht —, wan daz),* 352, 15
(niht — — —, wan wie); Hauptverb im Imperativ: II 104,
1, 2 *Schaffet ez alsô, daz min freude an iu sî und daz min*
freude an iu werde vollebrâht, II 113, 8, 9; Hauptverb im
Konj. Præt.: 31, 14 *Dar umbe schüefen sie gerne, daz ez*
zer werlte iht kæme lebende; der übergeordnete Satz ist
final: II 133, 32 *helfet mir got biten, daz ich — — — schaffe,*
daz sie sich hiute erbarmen; suln beim Hauptverb: 46, 36
Und alsô sult ir ez schaffen, daz — — — der hüfe kleine
sî der missetæte unde der guottæte vil sî. Weil von der
Absicht des 'schaffenden' Subjekts abgesehen wird, steht
der Ind.: 59, 18. II 139, 25 *und schuof, daz ir man ermor-*
det wart.

gefüegen steht mit dem Ind.: 31, 6 *sie füegent, daz der wirt zornic wirt;* mit dem Konj.: 31, 5 *wie sie geschaffen unde gefüegen, daz ez iht lebende an die werlt kume;* negiertes Hauptverb: 31, 28 *sit sie des niht gefüegen mohten daz diu frouwe gestôzen wûrde;* doch tritt weiter unten (Z. 29) der Ind. nach demselben Verb auf, weil ein hinzutretendes *niht* die Realität des Ereignisses (das Misslingen der Absichten des Teufels) so stark fühlen lässt, dass die Absicht unbezeichnet bleibt, dann (Z. 30) erscheint wieder ein koordinierter Satz im Konj.: *oder daz sie niht wart gedrungen ze kirche oder ze markte, oder daz sie gevallen wœre; suln* im Hauptsatze: 322, 27.

arbeiten mit *wie* und dem Konj. steht: 286, 13 *Daz ander gebrœche ist, daz dû versuochest — — — unde dich dar nach arbeitest, wie dû einem sin guot verstelst;* mit *daz* und dem Konj.: 544, 34 (konditional), II 115, 28 (negiert), II 257, 15.

verwirken mit dem Ind.: II 40, 27, *Mit wiu hât er daz verworht, daz dû im sin guot — — vor hâst.*

sich an nemen im Imperativ hat den Konj.: II 260, 16 *nim dichz an, daz dû gedultic sist,* 265, 15, 16.

wirken mit dem Konj. Præt. nach dem Ind. Præs. findet sich: 237, 2 *Die wirkent dar tac unde naht, dar umbe, daz sie in gerne einen fride schüefen vor der armüete.*

tuon im Sinne von 'bewirken' hat den Konj.: II 269, 35 *ich tuon, wan dû mich wirdeclichen enphangen hâst, daz dû fürbaz immer mêre heiliger sist.* An den anderen Stellen, wo sich dieser Satz findet, wird ein anderes Verbum regens unmittelbar vor den Nebensatz gesetzt: II 269, 36 *ich tuon, wan* etc., *sô wil ich daz — —.* Dasselbe thut die Hdschr. E auch Z. 35. In der Bedeutung 'unterlassen' steht *niht tuon* (vgl. *lâzen* S. 118) mit dem Konj.: 346, 2; das Hauptverb ist hier konditional. Sonst hat *tuon* den Ind.: 80, 7. 237, 7. 551, 6.

machen lässt den Objektssatz mehr als eine notwendige Folge denn als eine erstrebte Wirkung der Thätigkeit des Subjekts erscheinen und hat deshalb den Ind.: 561, 26 *wan er machet ie daz man ez sehen muoz und ansihtic wirt,* 239, 2. 509, 11. 532, 6. Substantivisches Objekt hat es: 16, 12. 521, 31. Die nicht sicher erkenntliche Form *hæte* steht: II 35, 10.

gewinnen erscheint mit dem Konj.: 248, 7 *Só lange daz jener gewan, daz frouwen mannes herze aller schierste überwünden,* 420, 1. II 3, 37; mit dem Ind.: II 43, 5. 143, 25.

vermugen mit dem Konj.: 439, 29 *Er vermac halt daz wol daz er jüden unde heiden — — — unde alle die werlt wol bekêre mit einegem worte.*

gewalt mit dem Konj.: 361, 22 *unde dâ von hât er den patriarchen — — — den gewalt gegeben unde verlihen, daz sie an siner stat einen ieglichen kristenmenschen behüeten.*

werben hat den Konj.: 225, 36 — — *unde sult werben umbe daz éwige leben, — — — unde daz iu diu ze spise werde von gote;* Hauptverb im Konj.: 235, 28 *só möhtet ir — — — dar umbe werben, daz ir daz übergrôze wunder sæhet;* ebenso steht der Konj. nach dem Konj. von *erwerben:* II 228, 18.

trahten mit *wie* und dem Konj. steht: 340, 11 *trahtent sie, wie sie iuch von himelriche gescheiden,* 467, 19, 20. II 54, 9; mit dem Ind.: II 137, 27 *Sie trahtent weder umbe gewant noch spise — — —, wan wie sie uns in ir stricke gevâhent.*

verdienen steht mit dem Konj.: II 274, 17 *Nû hât der mensche verdienet mit éiner totsünde daz er niht eine brinne;* mit dem Ind.: 115, 9. II 141, 3.

wirdic sîn mit *wellen* verbunden hat den Konj.: 70, 7 *Unde swer des wirdic sîn wil, daz got in im wonhaft werde.* Vgl. den Ind. nach *wert sîn:* 447, 33 *weh, herre, weder bin ich des wert oder niht, daz ich an dise heilige stat gên mit sünden.*

sîn vlîz kêren, setzen oder *legen* mit *wie* und dem Konj.:
42, 38 *setzent — ir fliz wie sie uns — gevâhen,* 45, 23.
46, 16. II 54, 7. 57, 12. 137, 9 *(fliz und ahte);* dagegen
steht der Ind.: II 62, 22 *dô kêrent sie allen ir fliz an und
alle ir sinne, wie sie uns der zweier tugende eine abe gewin-
nent;* mit *daz* und dem Konj.: 43, 1 *legent sie ir fliz dar
an, daz sie — — — gewinnen,* 43, 33. 299, 4. II 56, 24.

vlîzic sîn, sich vlîzen mit *daz* und dem Konj.: 36, 4 *sint
die tiuvel flizic, daz sie uns gezite leiten zuo den sünden,*
481, 1. II 260, 17 (nach dem Imperativ); mit *wie* und dem
Konj.: II 19, 22 *der tiuvel ist des gar flizic, wie er dem
menschen sînen gelouben — — — an gewinne.*

ir liste dar an, dar zuo kêren oder *darûf rihten, list* oder
fünde vinden oder *legen* stehen mit dem Ind., wenn der Inhalt
des Nebensatzes zu dem Willen des im Hauptsatze thäti-
gen Subjekts in keine Beziehung tritt: 107, 38 *nû habent
sumeliche liste funden — — —, daz sie den arbeitenden liu-
ten eht mit listen — — ir arbeit abe nement,* 419, 37 *die
meister habent die liste funden, daz man den adamas mit
zwein dingen wol brichet;* — mit *daz* und dem Konj.: 341, 8
*wan ir liste was âne mâzen vil, die sie dar zuo kêrent daz
der mensche sünde tuo,* 341, 10. 346, 35. 480, 13. II 223,
19. 263, 21. — *wie* mit dem Konj. erscheint: 1, 13 *wan
sie kêrent alle ir liste zuo, wie sie uns kristenliuten die freude
unde die wünne verliesen,* 29, 14. 31, 5. 32, 6. 33, 27.
132, 36.

lâge mit *wie* und dem Konj.: 31, 2 *sô ist der tiuvel
sâ zehant iemer dâ mit sîner lâge, wie er daz erwende.*

sînen sin setzen (= Pläne entwerfen) mit *wie* und dem
Konj.: 108, 18 *sô setzest dû dînen sin wie dû ez betriegest.*

sorgen mit *wie* und dem Konj.: 29, 26 *sie sorgent — —
umbe niht dan wie sie den menschen verleiten* (vgl. S. 78).

geruochen mit dem Ind.: 497, 17 *sült ir — — lop und
êre sagen, daz er uns ie geruochte, daz er uns ze sælde — —
geborn wart.*

gedenken hat den Konj.: 431, 23 *und gedenket in mani-
gen enden, daz er sine frâzheit vollebringe.*

bedenken mit dem Konj.: 530, 18 *er hât alle zît wol
bedâht, wie er dich überrede.*

stricke legen oder **ervinden** mit einem Dasssatze, der kau-
sale Bedeutung hat und im Ind. steht: 411, 24 *disen strik
habent sie den jungen gar besunder geleit, dar umbe, daz
sie der jungen liute aller meiste vâhent mit dem selben stricke.*
Sätze kausaler, finaler und konsekutiver Bedeutung folgen
demselben Hauptverb: 412, 20—26 *dar umbe sô leget er
den jungen liuten — — den stric der unkiusche, daz sie im
von deheinen andern stricken sô gar gehôrsam werdent
— — — und ouch dar umbe, daz er iemer deste sanfter
mit in ringe, alsô daz er sie baz in sine stricke bringe.* Der
Konj. erscheint, wo die Thätigkeit als erstrebt bezeichnet
werden sollte. Ähnlicher Moduswechsel: 409, 30—33; Ab-
sichtssätze im Konj. stehen ferner: 465, 35. 474, 9.

dar zuo (an) bringen steht im Ind. mit dem Ind. im
Nebensatze: 76, 12 *daz k⊦inget nâch allem sinen willen,
swenne erz dar zuo bringet daz der gîtige und daz unrehte
guot zuo einander kumt,* 115, 24. 200, 30. 225, 15 *wer dâ
frôwer danne der tiuvel, swenne er ez dar zuo bringet, daz
der gîtige unde daz unrehte guot ze samene koment,* 259, 17
*Etewenne sô bringet manz dar zuo, daz er ein wênic ûf siht
und eine wîle diu ougen ûf tuot,* 266, 32. 417, 15. 420, 9.
440, 24. 486, 20. II 60, 9, 12. 64, 18. Wenn das regie-
rende Verb selbst im Konj. steht oder verneint wird, steht
im Nebensatze der Konj., nämlich vom Præs.: 31, 23 *sie
schüpfent gerne wie sie zuobringen daz — —, unde daz des
kindes sêle iemer des himelriches erwendet sî,* 76, 39. 88, 38.
337, 26. 414, 18, vom Præt.: 137, 5 *wan etewenne bræhte
man sie dar an wol, daz sie ein wênic widergæben,* 398, 38.
39. 399, 1, 10. 519, 18. 523, 6.

verlihen im Optativ steht mit dem Konj. meist in der gebräuchlichen Schlussformel: 47, 24 *daz uns daz allen widervar, mir mit iu und iu mit mir, daz verlihe uns allen der vater unde der sun unde der heilige geist;* der Nebensatz steht voran: 47, 21. 64, 18. 109, 26. 139, 4. 169, 6. 181, 7. 195, 30. 219, 16. 248, 24. 262, 38. 387, 13. 407, 6. 441, 2. 504, 15. 536, 5. 548, 13. II 32, 31. 65, 24. 73, 8. 153, 33. 164, 19. 184, 7. 197, 8.

helfen im Optativ mit dem Konj. eines vorangehenden Absichtssatzes: 10, 34 *Daz uns daz allen wider var, des helfe uns der vater,* 28, 10, 19, 22. 78, 20. 156, 14. 356, 35. 461, 10. II 13, 24. 25, 29. 113, 10; eines nachgestellten: 155, 16 *Der almehtige got helfe mir — — —, daz dise niun kœre behalten werden,* 424, 14. II 79, 18. 137, 15. 147, 20. 172, 24. 187, 12; Hauptverb im Imperativ: 54, 29 *hilf mir, herre, daz ich din iht verliese,* 459, 25. II 40, 20; der übergeordnete Satz ist konditional: 74, 3 *ich wolte gerne gelten — — — woltest dû mir helfen, daz sie ez doch halbez nœmen,* 75, 15. — Ein indikativischer Nebensatz steht: 310, 37 *Dô half ir unser herre, daz sie zwêne schœne vetichen gewan unde daz sie dem trachen entfluoc.*

für tragen mit dem Ind.: 173, 10 *unde treit dich doch niht für, wan daz dû dâ mite verdampt bist.*

geben im Optativ mit dem Konj.: 174, 39 *unser herre gebe, daz erz gebüezet habe.*

gestaten hat wenn negiert den Konj. im Nebensatze: 463, 29 *Des wil der almehtige got niht gestaten, daz sie dise liute gar hinfüeren,* 547, 31. II 238, 26, und wenn positiv den Ind.: 131, 25 *unde swâ sie gestatent — — —, daz sie sündent* [1]).

gewern im Konj. mit dem Konj.: 504, 4 *sült — — anruofen, daz er uns des gewere, daz ez wâr werde.*

---

[1]) A: sunden.

an die gnâde lân (an jemands Gutdünken überlassen)
mit dem Konj.: 545, 27 *unde læt ez an dine gnâde daz duz
gar nemest oder halbes.*

heizen (versprechen), *geheize tuon* und *geloben* haben
zweimal den Ind., wo ein Versprechen Gottes erwähnt wird,
das sich hier allezeit vollzieht und vollzogen hat: 334, 12
wan er hât ez iu geheizen, daz er iuch hie wol ernert (wenn
hier nicht derselbe Druckfehler vorliegt wie 136, 6: *er für
ir)*, II 248, 10 *Sô git iu got, — — —, daz er iu hie gelobet
hât, daz ist, ob ir im dienet, daz er iu hie in der werlte iur
lipnar git.* Der Konj. steht nach *geheize tuon* mit dem Ind.
von *heizen* (befehlen) verbunden: 119, 12 *heizet iu guote
geheize tuon, daz sie — — — gelten unde widergeben;* nach
dem Ind. von *heizen* (versprechen): 574, 37 *dô gehieze dû*
(der Teufel) *dem sünder, er erstürbe niht;* nach dem Ind.
von *geloben:* II 134, 39 *Der hât dir gelobet, ob dû ein wênic
unrehtes guotes wellest lâzen, daz er dir ganzen erbeteil gebe.*

verbieten mit dem Konj.: II 46, 30 *daz verbiute ich gar
und gar, daz nieman dem andern niesewurz in die nâsen
blâse, 46, 31.*

widersagen mit dem Konj. findet sich: 282, 24 *wan dû
ir ouch widerseit hâst, daz sie dir niemer niht gehelfe.*

erwern mit dem Konj.: II 141, 39 *des mugent iuch die
tiuvele alle niht erwern, — — — und daz iuwer gar vil ze
himelrîche kœme.*

erleiden mit dem Konj.: 35, 36 *sô kanst dû im ez mit
nihtiu als gar erleiden, daz ez zuckens unde stelns iht
gewone.*

versûmen mit dem Konj.: 382, 2 *swer in an daz ende
spart, der ist dâ mite versûmet, daz er den riuwen ge-
winne.*

erwenden im Konj. mit dem Konj.: 31, 2, 3 *wie er daz
erwende, daz ez an die werlt iemer kume lebende, daz ez
daz minnecliche antlütze unsers herren iemer gesehende werde,
237, 33.*

beswern steht mit dem Konj.: 32, 39 *den tiuvel beswert daz er den touf iht irre,* 33, 1, 9. II 57, 24.

hüeten mit dem Konj.: 556, 6 *Wan wiste der hase — — —, er gehuotte vil wol, daz er in deheinen strik niemer kœme;* Hauptverb im Optativ mit dem Konj.: 6, 33 *dâ von hüete sich alle diu werlt, daz sie mit disen râtgeben iht haben ze tuonne,* 90, 33. 91, 24. 114, 2. 276, 19. 445, 39. 452, 12. 492, 29. 531, 6. II 255, 35. 256, 11; mit dem Ind.: 532, 21 *Und alsô hüete sich alliu diu werlt vor unrehten kriegen, das sie iht sô getâne kriege in ir herzen nement wider got;* Hauptverb im Imperativ: 314, 8. 518, 3 *sô hüetet iuch vor im — —, daz sich ieman nâhen zuo im habe,* II 71, 15, 17. 105, 7. 116, 35. 182, 16; *suln* beim Hauptverb: 53, 17 *unde solt dich dan hüeten, daz er dir iht verstoln werde,* 70, 18. 362, 14. II 222, 11. 258, 25.

für sich sehen mit dem Konj.: II 8, 12 *hüetet iuch unde sehet für iuch, daz iu ouch iht geschehe als jenen.*

warnen mit dem Konj. nach dem Imperativ: 43, 31 *sît des gewarnet, daz iu der rehte geloube — — — niht an gewunnen werde;* Hauptverb im Opt.: II 11, 9, 10.

beschirmen im Optativ mit dem Konj.: 405, 25 *Daz iuch die ketzer iht verunreinen, dâ beschirme uns alle der almehtige got vor.*

biten steht mit dem Konj.: II 57, 15 *sô wil man des und des biten, und daz man vil gevatern habe,* II 167, 16 *sô kumt der jungeste tac, des sie dâ bîtent, daz in ir lip wider werde, und daz der mit in freude hœte.*

warten hat den Konj.: 470, 8 *Wan die schüelerlin wartent vil eben wanne ir ûz gêt, daz sie iuwer kint verrâten.*

daz geleben hat sowohl den Ind. als den Konj. und zwar innerhalb drei Zeilen: 172, 9, 11 *alle die daz gelebent daz der endekrist kome, die sulnt im niht volgen; wan ir ist ein michel teil, die daz gelebent, daz der endekrist kumet;*

und den Ind.: 70, 21 *wie getorstest dú daz ie geleben, daz
dú im ertœtet hâst*, 316, 13. 513, 27. II 39, 24.

gedingen, gedinge hân mit dem Ind.: 68, 6 *und allez daz
ir guotes tuot, daz ir des gedinget mit grôzen freuden, daz
iuch daz — — ze grôzem lône wehset;* mit dem Konj. nach
indikativischem Hauptsatze: II 104, 20 *und hât den gedin-
gen, daz er im werde*, 105, 5. 218, 6; *suln* beim Hauptverb:
II 218, 9 *wan wir sullen des gedingen, daz ir niht vil hie
sî*, II 249, 33; Hauptverb im Konj.: 135, 39 *Alle die dâ
mite wunt werdent, die haben des dehein gedinge, daz sie
niemer mêr gesunt werden*. Vgl. S. 66. An *gedinge* ist
schliesst sich der Nebensatz an: II 269, 20.

sich dar an lâzen steht negiert mit dem Konj.: 489, 38
*wan dú darft dich dar an niht lâzen, daz dich der almeh-
tige got bekêre*, 490, 7. *lâzen* in der Bedeutung 'unterlassen'
mit dem Ind.: 557, 30.

ist nôt, nôtdurft im Ind. hat den Konj.: 64, 10 *sô ist
nôt, daz sich got über iuch erbarme*, 111, 18, 39. 144, 19.
150, 22. 406, 37. 566, 4. II 138, 21; Der Hauptsatz steht
im Konj. Præt.: 453, 39 *unde dâ von wære daz nôt, daz
ein ieglich kristenmensche den glouben künde in tiutschen
— — — unde daz er deste baz bevestent wære an sîner
tugent*, 487, 1.

nôtdurft hân mit dem Konj.: II 212, 7 *Daz sint alle
die niur die nôtdurft hânt, daz sie sich mit êren wol hin
bringen.*

bedürfen im Ind. steht mit dem Konj.: 316, 21 *dú be-
darft — — — wol, daz dú gar eines wisen mannes rât dar
umbe habest*, 566, 28.

ir amt ist mit dem Konj. steht: 18, 26 *wan daz ist ir
amt, daz sie reht gerihte haben.*

ist des schuldic mit dem Konj.: 352, 4 *sô bist dú im
des schuldic, daz dú im dîn herze entsliezest.*

ez ist guot, bezzer, wæger, billich, mügelich (= billig), *ist sin reht, ist gefüege* stehen im Ind. mit dem Konj. (einmal ohne Konjunktion); *ist guot* etc.: 348, 18 *Sô ist eht dir vil bezzer, dû varest mit einer hant in daz himelriche danne mit beiden zer helle,* 53, 36 *daz verre wæger und bezzer ist, daz iuch der almehtige got hœhe,* 69, 11, 16. 135, 21. 269, 27. 278, 39. 284, 39. II 66, 23. 93, 3; einmal wird das Ereignis des Subjektssatzes als thatsächlich dargestellt und in den Ind. gesetzt: II 175, 25 *und ist diz bezzer daz man sie (der engele hôchzit) niht ofte begêt; ist billich (unde reht):* 94, 5 *ist wol billich unde reht, daz man den heiligen engeln ouch eine hochgezît begê,* 377, 26. 566, 7. II 87, 33; *ist mügelich:* 238, 24 *wan Adam zuo der sünde verrâten wart, dô was daz wol ouch mügelich, daz er baz ze hulden kœme danne der ungehôrsame engel,* 190, 10. 254, 32, der Ind. steht: 249, 6 *dâ von ist daz wol mügelich, daz man von ir geslehte in dem heiligen êwangeliô liset; ist gefüege:* 356, 7 *sô ist daz wol gefüege, daz dû dir selber etewaz nemest.* — Der Konj. nach dem Konj. Præt. des übergeordneten Satzes erscheint: 543, 37 *sô wære dir bezzer, daz dû beheftet wœrest als jener,* 571, 5. II 168, 12. 175, 23.

ist gewegen (angemessen) mit dem Ind.: 451, 11 *Ez ist gewegen, daz ieglicher pfenninc swœrer ûf dich wegende wirt danne alle berge,* 451, 12.

Beinahe die Hälfte (etwa 226) sämtlicher Konjunktive der Absichtssätze II stehen nach einem Verb des Bittens, Befehlens, Wollens und Wünschens, weil diese Verben den Einfluss des im Hauptsatze thätigen Subjekts auf das Ereignis des Nebensatzes am kräftigsten bezeichnen. Von den übrigen Gruppen sind die mit einem Verb des Bewirkens (76), des Verleihens (46) und des Hütens (26) die zahlreichsten.

Nach indikativischem Hauptsatze steht der Konj. etwa 193mal. Nach den Verben des Bittens, Befehlens 58mal,

nach denen des Wollens, Wünschens etc. *(sagen, sprechen*
etc. mit gerechnet) 36mal, nach denen des Bewirkens 43mal
(etwa die Hälfte nach Interrogativen), nach den Ausdrük-
ken der Notwendigkeit und Angemessenheit 29mal, und
nach den Verben des Antreibens 11mal.

Nach konjunktivischem Hauptsatze hat der Absichts-
satz 131mal den Konj. Die Verben des Verleihens, Hel-
fens (41mal), des Wollens, Wünschens (47mal), des Bewir-
kens (17mal) und des Hütens, Warnens (12mal) sind dieje-
nigen, die dann am öftesten im Hauptsatze erscheinen.

Nach imperativischem Hauptsatze erscheint der Konj.
39mal. Im Hauptsatze stehen dann die Verben des Bittens,
Befehlens (19mal), des Hütens, Warnens (9mal), des Bewir-
kens (7mal).

Das Hauptverb ist, wo der Konj. im Nebensatze er-
scheint, in 69 Fällen mit einem *suln, mugen, wellen, ist
nôt* oder *hât ze* verbunden und 31mal negiert.